ビジネスパーソンのための

契約の教科書

福井健策

文春新書

834

鷹島の、第二の両親に

ビジネスパーソンのための契約の教科書●目次

はじめに

皆さん、先月は何回、ネットで「同意する」をクリックしましたか。

メール、または「ツイッター」のようなソーシャルネットワークサービス（SNS）、物の購入やチケットの予約など、ネット上のさまざまなサービスを利用する時には、たいてい「同意する」というボタンをクリックしますね。利用開始時に一回クリックすれば良いものもあれば、商品購入のたびに「同意」とクリックしなければならないものもあります。頻繁にネットを使う方なら、月に一〇回以上も「同意」しているかもしれません。

あれは、一体何に同意しているのでしょうか。

たいていは「利用規約」への同意です。「利用規約」「購入条件」「プライバシーポリシー」など、呼び方・内容は様々ですが、つまりはサービス運営側とユーザーとの契約です。

現在、「ユーチューブ」のような動画サイトや「ツイッター」のようなSNSが全盛です。大物アーティストが「ユーストリーム」でライブをおこなうケースも増えていますし、本書執筆中に未曾有の被害をもたらした東日本大震災でも、ＳＮＳは大きな存在感を発揮しました。こうした場で情報発信するには当然、利用規約に同意してアカウントを作成することが求められます。

後でふたたび紹介しますが、これらのアメリカ発サービスを中心に、多くの利用規約には、「ユーザーは、投稿した映像・発言のあらゆる流用や改変を永久・無償で許す」という条文があります。つまり規約上は、サービス運営側は投稿映像を集めたＤＶＤを全世界で販売することも、有名人のつぶやきを素材として第三者の商品や宣伝に利用させることも自由ということになります。

自由利用した結果、問題が起きた場合には、投稿したユーザーが全責任を負う旨の規定もあります。そんな条件とは思っていないユーザーの方も多いかもしれませんね。

もちろん、そう書いてあるからといって現実に不都合な流用の例はあまり聞きませんし、そもそも日々のネットライフですべての利用規約に目を通すなど、土台無理な話です。ならばほかの契約はどうでしょう。我われは日常生活で、家の賃貸借契約から保険の「約款」まで、さまざまな契約をかわしていますが、読者の皆さんは、その内容をいちいち読まれますか。読まないという方も多いのではないでしょうか。

我われはなぜ、契約書を読まずにハンコを押し、利用規約を読まずにサービスに入会することに不安を感じないのでしょうか。ここには、私たちの日常生活だけでなく、日本が頭を悩ませる外交問題や国際ビジネスの成否に関わる、重要な問題が隠されているかもしれません。


「我われはなぜ、契約書を読まずに印鑑を押しても平気なのだろう？」

「我われはなぜ、契約を実利ではなく、感情論であつかうのだろう？」

「日本人は契約や交渉が下手といわれるが、本当だろうか？」

「本当だとしたら、我われは契約について何を学ぶべきなのか？」

以上が、本書を通じて皆さんと一緒に考えていきたいことです。


では、はじめましょう。

第一章　我われは「契約交渉」が苦手なのか？

「負け」続ける国際交渉

二〇一〇年にはNHK大河ドラマ「龍馬伝」の影響もあって、坂本龍馬や彼を取りまく幕末の群像が例年以上に脚光をあびました。海援隊の一員として登場するのちの外相陸奥宗光や、維新後に新政府の中枢に入った志士たちが心をくだいた問題。それが、いわゆる不平等条約の撤廃問題です。

幕末にアメリカなどの要求でかわされた通商条約には、外国人を裁判で裁けなかったり関税を自由にきめられないなど、国の独立を脅かす、不公平な条文が入っていました。幕府は、列強の強硬な態度に押されて条約をかわし、その改定交渉には長い年月と多くの犠牲が払われました。

この状況、今でもさほど変わらない、といわれることがあります。

日本人は国際交渉が苦手だ、と指摘されることは少なくありません。

ネットで少し検索すれば、「日本人の交渉下手」に関する書籍や発言は膨大にヒットします。

「日本人は世界でも類を見ないほど交渉下手」からはじまって、「交渉下手は自他ともに認めるところで、特に外交交渉は苦手」「戦前から現在に至るまで、国際舞台で交渉術を駆使して成果をあげたという記憶はまれ」「なぜ日本人は討論・交渉下手なのか」「やはり単一民族の特性か」「日常生活で交渉術を必要としないためか」と原因分析に進み、「ユダヤ人の交渉上手 対 日本人の交渉下手」といった国際比較、果ては「日本政府は外交や交渉術が下手すぎる。ボクの著書を読むべき」（橋下徹大阪府知事）まで。中には、「交渉が始まる前から負けている」という佐々木小次郎みたいな話まであって、そこまで下手ならむしろすがすがしい気さえします。

これに対して、日本人が交渉上手だという発言はほとんど見あたりません。国際的に見てそこまで交渉下手か結論するのは早いとしても、日本人がみずから「交渉が苦手」と固く信じていることは間違いなさそうですね。

「一九八五年のプラザ合意に端を発するバブル景気」「国連安保理常任理事国入りの失敗」「沖縄基地問題の混迷長期化」

突然、何のつながりもなさそうな三つのキーワードをあげてみました。いずれも、戦後日本の行方を大きく左右した苦い経験といえるでしょう。それぞれについて「何が日本の正解か（だったか）」を語れば長くなりそうな問題ばかりですし、そもそも筆者の手にはあまる課題です。ですが、これらの一見バラバラな課題には、ある共通の要因が影響しているように思います。

それは、「対米交渉の失敗」ということです。たとえば、沖縄基地問題は、「日本は沖縄の痛みをわかっているか」あるいは「平和にとって基地は必要か」といった問題で語られることが多いようです。いずれも本質的な視点ですが、基地問題は同時に、沖縄返還の当初から、日本にとっては対米交渉の問題でもありました。

ことの賛否はともかく、歴代日本政府は「米国による安全保障」は日本外交戦略の柱であると考えてきました。他方、米国の関心事は極東に日本という同盟国があって、基地を安定的に供給してくれることです。そうであれば基地問題は、本質的には対米国での「どこまでの負担を提供してどの程度の〝安全保障〟を受けるか」というシビアなバーゲニング（契約交渉）の問題のはずです。

二〇一〇年は安保条約改定五〇年にあたり、基地問題を見つめなおす記事やTVドキュメントの多い年でした。その中でも白眉とされた、沖縄返還時の対米交渉を追ったNHK『密使 若泉敬 沖縄返還の代償』では、「基地の永続的で自由な使用権という本当の目標を手にいれるために、落とし所はなかなか明かさなかった」と語るアメリカの元高官と、したたかな米外交術に「翻弄」され苦悩する日本の政府特使の姿が浮きぼりとなりました。

これは、筆者の本職である今日の国際契約交渉にとっても、典型的な経過です。

クールジャパンの「寒い」現実

コンテンツの国際契約を例にとりましょう（コンテンツ＝映画・音楽・漫画・ゲームなどの作品）。

「クールジャパン」ということが言われてから、久しくなります。小説、漫画、アニメやファッションなどの日本文化が海外で根づよい支持を受けている、といった話です。

二〇一一年、イギリスBBCが世界二七ヶ国でおこなった国別の好感度調査では、日本は主要国中第三位という高いランクをキープし、その前年、フランスで開かれた「ジャパンエキスポ」は、会期中一八万人の入場者を集めたと報じられました。たしかに、日本の国のありようや日本文化が、海外で一定の支持を受けたりファンを獲得しているのは事実なのでしょう。

それは無論うれしいことです。

ところが、他方でこんな数字もあります。

五六〇〇億円。

日本のコンテンツ国際収支の赤字幅です。

日銀が出している貿易収支の統計があって、その中で「著作権収支」として公表されているものです。著作権収支とは何かといえば、たとえば日本の漫画がアメリカで翻訳出版されたとしますね。これは、日本の出版社や作家が海外の出版社にコミックスを出すことを許可したからできるわけです。あとでお話しする、「ライセンス」といわれるものです。

当然、そこでは対価が発生します。たとえばコミックスが一冊売れるたびにその定価の八％を日本の作家・出版社は受け取れるとしましょう。いわゆる印税、英語でいえばロイヤルティです。

一冊一〇ドル、八〇〇円だとすれば、八％は六四円。売れ行きが好調で北米で五万冊売れれば、三二〇万円を日本側は受け取ります。この場合、著作権収支は三二〇万円の黒字。

つまり権利の面でいえば「輸出」にあたるのです。

他方、日本では海外のさまざまな作品を大量に消費していますね。たとえば、外国映画。洋画が日本で公開されれば、その興行収入から一定のパーセンテージが海外の映画会社に支払われます。

あるいは、ミッキーマウスやくまのプーさんといったキャラクター商品。やはり、一個製造されたり売られたりすれば、その何%かがディズニーなど海外の権利者に支払われます。

その他、洋楽やソフトウェアなど、海外へのロイヤルティの支払はさまざまなものがあります。こうした海外への支払が、権利の面でいえばいわば「輸入」です。

輸出と輸入の差額が、著作権収支ということになります。コンテンツの輸出が多ければ黒字になるし、コンテンツが輸入超過なら赤字になります。

文化のビジネス面では、日本は一貫して巨額の赤字国です。二〇〇八年までは年々赤字幅は拡大して、ついに年間六〇〇〇億円以上にまで達しました。その後若干回復して、二〇一〇年は約五六〇〇億円ですが、不況で日本の市場が冷えこんで消費自体が減ったせいなのか、背景ははっきりしません。いずれにせよ大幅赤字には違いない。しかも、これは使用料だけの収支ですから、付随するさまざまなお金の流れは、おそらくもっと大きくなります。

別に収支がすべてではありませんが、金銭面だけに限っていえば、「クール」というよりはむしろ「寒い」といいたくなる状況です。

これは、日本のコンテンツが言うほどには海外で売れていないことを意味するのでしょうか。売上という点からいえば、ある程度それは事実でしょう。あるいは、海外の作品があまりに日本で人気だからでしょうか。それも当然いえる。

しかし、そんなマーケットの状況だけではなく、国際収支にはもうひとつの要素が大きく影響します。

それは、ビジネス交渉の進めかたやその内容です。

『ウルトラマン』事件の衝撃

二〇〇〇年代にはいり、日本の特撮ファン、コンテンツ関係者を震撼させた事件がありま す。

『ウルトラマン』『ウルトラセブン』などの「ウルトラ」ヒーロー・シリーズの全ての権

利を持つ特撮の名門・円谷プロダクションが、シリーズの海外での権利をうしなったというのです。

鍵を握るのは、三〇年も前にかわされたといわれる、たった一枚の契約書。契約をかわしたのは、当時の円谷プロの三代目社長だった円谷皐《のぼる》さん。相手方は、あるタイ人の実業家。

契約書には、『ウルトラＱ』から『ウルトラマンタロウ』までの六シリーズなどの海外での独占利用権を、期間を定めずこのタイ人が持つ、と記載されていました。

独占利用権とは何か。つまり、このタイ人は日本以外の地域で六シリーズを無料で自由に使うことができるということです。たとえば、六シリーズのＤＶＤを出して売ったり、ＴＶ放送したり、あるいはキャラクターグッズをあらたに制作したり。第三者にそうした利用を許可することもできるかもしれません。

海外でも人気の高いウルトラシリーズです。うまく活用すれば、これからも年々高額の収益をあげることができるでしょう。その収益は永久に、チャイヨーという会社を経営する、このタイ人に帰属する。

他方、円谷プロはそうした利用はおこなえず、収益も得られない。日本以外の国では、円谷プロは「ウルトラ」六シリーズをうしなったのと同然です。

いったいなぜ、そんな契約をかわしたのか。

いいえ、実は契約をかわしたかどうか、究極の真実はわかりません。円谷プロは「契約書は偽造されたもので、社長の署名も偽造だ」と主張しているからです。他方、タイ人側は、契約書は、当時タイ人が円谷プロに対して持っていた約一五万ドルの債権がこげついたために、いわば借金のカタとして交わした、と主張。

論争は法廷にもつれ込み、ついに最高裁でまで争われます。

裁判所の最終判断は、「契約は正当に成立したもの。チャイヨー側は六シリーズの海外での独占利用権を永久に持つ」というものでした。

最高裁の判断は、（少なくとも日本の国内では）最終的で絶対なものです。確定した判決はもう覆ることはなく、つまり、日本国内で争われるかぎりは、「国外での六シリーズの独占利用権はチャイヨーが持つ」という結論はおそらく今後も変わりません。

大変なことです。円谷はあきらめきれずにタイを戦場に訴訟を継続、こちらも何と最高裁まで争いました。

二〇〇八年、タイ最高裁の判決――円谷の勝訴です。つまり、契約書は偽造されたものであり、ウルトラシリーズの海外での独占利用権は円谷にある。こちらも最高裁の判決ですから、タイ国内で争われるかぎりは原則として覆らないはずです。

厄介なことになりました。

日本で裁判になれば、（件《くだん》の契約に関する限りは）必ずチャイヨーが勝つ。他方、同じ裁判がタイで起これば、どうも円谷が勝ちそうです。では、日本とタイ以外の国で裁判を起こしたら？　わかりません。

その国の裁判所が、契約書の信憑性を判断し、結論を出すのでしょう。そうした裁判を延々と国ごとにやり続けるのか？

ヒーロー作品の原点ともいえるウルトラシリーズの命運を考えるとき、これは最悪の状況です。なぜならば、そんなどちらが権利を持っているか国ごとに裁判をやらなければわからないような作品には、多くの会社は手を出さないからです。

たとえば、古くは『ゴジラ』から『ドラゴンボール』『鉄腕アトム』『マッハGoGoGo』など、日本の人気コンテンツのハリウッドでの映画化が続いています。しかし、筆者がハリウッドの映画会社の代理人ならば、『ウルトラマン』にはたぶん手を出さない。誰と交渉して、映画化の権利を得たらよいかわからないからです。

このように命運が不透明だったウルトラシリーズですが、本書脱稿間近にまた驚くようなニュースが入って来ました。日本で裁判をやれば必ず勝つはずのチャイヨー側が、円谷プロを相手どった別な訴訟で完敗したという報です。

いったい何が起きたのか？

円谷プロは、もともとウルトラキャラクターの海外での利用をバンダイにライセンスしていました。従来の日本の最高裁の判断に従えば、チャイヨーとの契約上、円谷はこんなことはできない。ですからチャイヨー（の権利を受け継いだ会社）は、損害賠償を求めて新たな訴訟を提起したのです。この裁判、日本でやる限りはチャイヨーの必勝のはずでした。

ところが、第二審の知財高裁。バンダイは九八年にチャイヨーとの間で、バンダイが一億円の和解金を支払う代わりに、チャイヨーは「バンダイやそのライセンスを受けた会社のウルトラキャラクターの利用には一切異議を述べない」と約束する新たな契約を締結していた、と認定されたのです。それが事実なら、少なくともバンダイを介したウルトラシリーズの海外展開にはチャイヨー側は手を出せないことになる。

逆転に次ぐ逆転ですが、果たして、これが永年続いた法廷闘争の決着なのか？　今後の動向を見守りたいと思います。

「文化立国」「技術立国」を左右する国際契約

どう決着するにせよ、ウルトラマン事件は、コンテンツの国際契約を語る上ではかなり特殊なケースです。肝心の契約が「偽造された」と主張されており、日本の裁判上は「偽造ではない」と結論が出ていますが、やはり幾ばくかの不透明さは残るからです。

しかし、この事件に限らず、海外に著作権が移ってしまう、あるいは事実上移ったに等しいコンテンツは、意外に多いといわれます。

著作権は、いわば作品を独占的に自由に利用できる権利です。それが流出するということは、ビジネス的な意味では作品は完全に人手にわたったことを意味します。

なぜ、そんなことが起きるのか。契約によってです。

世界の文化産業は、その規模数百兆円といわれる巨大マーケット。日本の漫画・アニメを原作としてハリウッドで映画化したり、逆に海外の人気作品を日本で展開するための契約は無数にかわされ、高額の資金がやり取りされます。

その内容は、欧米が相手の契約を中心に、しばしば一方的なものになります。（最近では一部改善も見られますが）日本側が海外相手に作品を利用させる場合、期間が半永久的で、相手が全世界的に利用を独占する条件のものが、少なくありません。仮に、こちらが相手との関係に不満を抱くことがあっても、権利をとられた状態が長く続くことになります。後でのべますが、はなはだしい場合には著作権そのものを相手に取られる契約もあります。

逆に欧米から著作権が流入する事態も多いならお互いさまですが、どうも欧米相手で流入ケースは目だっていない。

何か不測の事故が起きたときに日本側だけが損害を負担するような規定も、珍しくありません。万一、両者の間で意見対立が発生しても、裁判は相手の国でおこなう規定になっているケースがほとんどです。海外での裁判は負担が大きく、もめると事実上、泣き寝入りすることにもなります。

これらは別に、契約相手の人間性に問題があるからではありません。逆をいえば、信頼できる相手ならそういった条件は書いてこない、というものでもありません。契約書を相手に示すときに、自分たちに有利な内容から始めるのは、国際契約では常識の範囲内なのです。

もちろんビジネスですから、さまざまな要素を考慮してあえて不利な条件を受け入れることも多々あります。ただ、コンテンツに限らず日本人が国際契約に臨む場合、そうした高度な判断以前の問題も少なくありません。英文の契約書が理解できなかったり、交渉方法がわからなかったり、あるいは「たぶん大丈夫だろう」と軽く考えるために、不必要なところで不利な条件を背負わされる、という場面がまだ多いように思います。

不利な契約条件があまり多いようでは、「文化立国」の存立にも関わるでしょう。

文化産業ばかりでなく、「技術立国日本」にも同じ課題はあります。

本書執筆時点では、長引く国内の製造業不況を背景に、中国・韓国などの新興国の企業が、日本の技術力やブランドを求めて国内メーカーに出資する例が急増中と報道されています。

技術力やブランドを求めてとなれば、特許権・ノウハウや商標権といった「知的財産」が鍵です。たとえば、雇用を守るために海外企業の傘下に入ったはずの日本企業から、特許や商標が抜き取られ、その後で日本人従業員の大量リストラが始まったら？従業員は職を失い、知的財産だけがたやすく海外に持ち去られるかもしれません。

無論、技術や情報の自由な流通は大切です。しかし、あまりに無防備では、かえって「町工場の未来」は暗いものになりそうです。雇用を守りつつ、「ブランドと技術ばかりが海外移転して終わり」にならないよう身を守るすべも、国際交渉・国際契約にかかっています。

果たして、多くの中小メーカーにそうした交渉や契約の知識があるでしょうか。最悪のシナリオを防げるような条文が、「身売り」の際にかわす契約書には入っているでしょうか。

読まれない契約書たち――『日本人の法意識』

国際契約だけではありません。冒頭で述べたように、我われは日常生活でさまざまな契約をかわしますが、内容をいちいち読まずに印鑑を押される方はおそらく少なくありません。

対象となるものごとは各人にとって重大事のはずなのに、肝心の条件が書かれた契約書には無頓着になる。――このことは、先に述べたように日本人が「交渉下手」「契約下手」といわれること（あるいは日本人自身がそう信じていること）とも、何か関係がありそうです。

今から四〇年以上前に、民法学者の川島武宜《たけよし》教授が書かれた『日本人の法意識』という名著が、岩波新書にあります。

教授はそこで、「我われ日本人は法律や契約を単なる建前と考える傾向が強く、よって必ずしも重視せず、実際にトラブルがあっても話し合いや人間関係で解決に至ると考えがちである」、と指摘しています。

川島教授の分析には、その後法社会学の領域でさまざまな見直しや再検証もおこなわれています。しかし、実務をおこなっていると、彼が指摘した意識のありかたは、日本社会のあちらこちらで今でも根強いように感じられます。

それはひとことでいえば、「共同体的な、あいまいな利害調整モデル」といえるでしょうか。同じ地域・同じ業界などの「共通のグループ」にお互いが所属している場合、いちいち明確な取り決め（契約）をしたり法律どおりに進めなくても、グループの慣習に従えばすむし、仮にもめごとになってもそうしたグループ内の話し合いや力関係で解決をしやすい。良くいえば、スムーズで協調的。悪くいえば、そうしたローカルルールや序列に不満があっても、個人の声では簡単に変えられない社会でもあります。

どうも、「契約書を読まない日本人」「交渉下手といわれる日本人」の背景には、こうした社会モデルや日本人の「法意識」の問題も横たわっていそうです。

実際、日本的なしくみがうまく働く場面は、社会にはまだまだあるでしょう。川島教授が提示した日本型の利害調整モデルには、デメリットだけでなく多くのメリットもあるはずです。

しかし、それだけでは絶対にうまく行かない分野もあります。

各分野で、契約をめぐってどんなことが起きているのか。次章では、国際契約・国内ビジネス契約・個人ユーザー契約の三つの例をとりあげて、具体的に見てみましょう。

第二章　日本が直面する契約問題の最前線

国際メディア契約が危ない

分厚い英文契約書が届いた！

最初は、筆者が日常的に扱っている国際メディア契約です。たとえば、海外のコンピュータソフトを日本で販売するとか、日本の漫画や過去の映画をハリウッドが映画化したいとか、ディズニーなど人気キャラクターを使って商品や広告をつくる場合など、それこそ毎年膨大なケースで契約がかわされます。

こうした海外メディア契約のドラマは、しばしば分厚い英文契約書が届くところからはじまります。今回は、作品を映画化したり商品化するような「国際ライセンス契約」を例にとってお話ししましょう。

もちろん、それ以前からビジネスの交渉はあります。最初は短いメールでの問い合わせかもしれませんね。「プロポーザルレター」というビジネスの申込をどちらかがしたり、担当者同士が出会って会議をしたりして話を詰めていきます。そもそもライセンスはできるのか、お金の支払はどのようにするのか、といったあたりを交渉する。これはこれでタフな交渉です。仮に、どうやら基本合意できた。つまり、基本的に「やりましょう！」となったとします。

そこで相手が「では契約書を用意して送ります」と言います。日本側は、たいてい「お願いします」といいます。なぜか。相手が欧米の場合、英文契約書だという前提がほぼできあがっていて、そして英文契約書を作る自信が日本側にはないからです。

もちろん、相手によってはこの「何語の契約書を作るのか」が問題になることはあります。以前は中国や韓国とのコンテンツ契約書の多くは、日本語で作られていました。マーケットや経済力の関係で日本側が優位だったからです。

しかし、最近では、中国との契約では相手方が中国語での契約書を作りたがるケースも多く、韓国とのビジネスでも（韓国語こそまだ多くは見ませんが）必ず日本語とはいきません。「英文契約で交わしたい」といわれるケースもあります。韓国エンタテインメント界は九〇年代終わりくらいから急速にアメリカナイズされた印象があり、契約の知識や契約書のシビアさは日本をしのぐほどです。

逆に、フランスを中心に、ドイツ・イタリアなどとのビジネスでは、「契約書は（彼らの）自国語で」と強く主張されるケースもあります。それはそれで長い闘いのはじまりなのですが、以下では英文契約書を用意すると言われ、日本側がそれを待っていたと仮定しましょう。

ひと昔前ですと、突然ファックスが大量の英文書類を吐きだしはじめます。今なら、メールに添付ファイルがいくつも付いてくる。これが長い。たとえばハリウッドでの映画化契約ならば、添付書類を含めて五〇ページはあるでしょうか。ミュージカルやオペラの来日公演、外国映画の日本での配給契約も同じくらいです。国際的な共同事業や海外企業に出資しようという契約書になると、もっと長いこともあります。

契約書の最初の草稿（ドラフト）は、読んでこちら側が困るところをなおして、そうした修正ドラフトを送りかえすのが普通の方法です。

ところが、まず読めない。専門用語のオンパレードですから、慣れていない方はおそらく最初の当事者の記載を読みとくのも四苦八苦します。複雑な構文。日本とはちがう業界専門用語や、果てはラテン語の法律用語。「バイスバーサ」って、いったい何だ？（「逆も同様」という意味。）

翻訳に出そうか。しかし元が悪文のものは翻訳してもやっぱり悪文で、よくわからない。中には誤訳博覧会になっているものもある。

がんばって読んでみたところで、次はどこが問題かわからない。長々とくどい定義。「例外の例外のそのまた例外」まで登場する、入り組んだ条文関係。

意味がわかったとしても、どう交渉したらよいかわからない。どうもこうも、単に修正して戻せばよいのですが（後述「『ものとするものとする』？　語尾に執着するヒトビト」参照）、日本人はなにせ、「相手がせっかく用意したものを快く受けいれず、まして直すなんて、そんな失礼なことをしてもいいのか？」からスタートですから大変です。

あまつさえ、相手は契約交渉では二枚も三枚も上ですから、最初からこちらの交渉する気をそぐようにして来る。

冒頭に「ノン・ネゴシアブル」（交渉不能）と書いてくるのは日常茶飯事。普通、修正コメントを入れやすいようにワードファイルなどで送って来るのがマナーでしょうが、PDFで送って来る会社がある。つまり、「直さないいんだからワードの必要はない」というわけです。

表向きは「セキュリティ上、ＰＤＦにしてある」なんて説明がついて来ますが、だったらメールで送ってくることじたいがセキュリティ上は不安でしょう。有力なエンタテインメント企業ほどこれをやり、ＰＤＦには有名キャラクターの透かしが全ページに入っていたりします。打ち出すと読みづらいことこの上ない。

はなはだしい例だと、「どうせ交渉なんかさせないんだから」とばかり、紙で契約書を二部打ち出して、先方は署名済みで送ってきたりします。

こうなるとお人よしな担当者は、「いやー、この人、もうこれでサインしてもらえると信じて、署名して送ってきてるよ。つきかえすなんて悪くて出来ないよ」なんて思ってしまう。

素晴らしい国際親善ですが、これ、本当に相手に対して「悪い」ことをしているのはどちらでしょう。

以上に、見栄や恥の観念が拍車をかけます。「下手くそな英文で直しなんて入れて、英語力がばれたらどうする。あちらでは常識のことを直してくれなんていって、笑われたらどうする」。言葉には出さないが、こう心配される担当者の方もきっと少なくないでしょう。

かくて、スッタモンダの議論の挙句（たいてい時間だけはかかります）、当たりさわりのない人名の間違いとか日付の間違いなどは直して、あとはサインして送り返す、ということになる。相手のファーストドラフトのままで。

お疲れ様でした。ところで、サインした契約書にはどんなことが書いてあったのでしょう。少し見てみましょう。

日本の権利者は何を渡しているのか

日本の映画を原作にした、ハリウッドでの映画化の契約書を例にとりましょう。つまり日本の古い映画に基づいて、ハリウッドであちらの俳優を使ってあらたに映画を作る（＝リメイクする）ための契約ですね。古くは黒澤明の名作『七人の侍』が西部劇『荒野の七人』になり、『ゴジラ』が『GODZILLA』になるなど、こうしたリメイクの契約はかなり多い。もちろん、最近の『鉄腕アトム』のような漫画からの映画化や、小説からの映画化も少なくありません。

こうしたリメイクをおこなうには、原作映画などの権利者との間で、「リメイク契約」をかわす必要があります。無断でそっくりな映画を作ったら、著作権侵害になってしまうからです。

さて、ハリウッドで映画化したいといわれると、たいてい日本の関係者は喜びます。話題にもなるうえ、映画化の対価はしばしば高いのです。中には、アニメ『マッハＧｏＧｏＧｏ』が映画『スピード・レーサー』にリメイクされた時のように、社長みずから、受け取った対価は「ギフトのような（＝低い）額ですよ」（産経新聞二〇〇九年一月一七日朝刊）なんて証言されている例もあります。ですが、一億円といった高額の映画化権料が提示されるケースも多い。

日本国内での相場と比べるとかなり高いので、関係者は乗り気になります。先ほどのような経緯を経て、相手の出してきた契約書にサインして送り返したとする。

さて、権利者は何をハリウッドの映画会社に渡したのか？

日本なら、映画化の契約といえば「ライセンス」、つまり映画化を相手に許す契約に決まっています。「ライセンス」とは、著作権はあくまでこちら側が持っていて、相手には作品の利用を許可するだけのもの。たいていは期間や地域が限定されていて、相手ができる利用の方法も指定・限定されています。範囲外の使用はあくまでもこちらの権利。

「独占ライセンス」といって、一定期間はほかの会社に映画化を許してはいけない条件のものは多いですが、しばしば期間はそれほど長くはない。つまり、一定期間が経過した後は、著作権者はほかの誰かに再度映画化を許すこともできる寸法です。

ハリウッドとの契約も同じでしょうか。いいえ、「著作権譲渡」かもしれないのです。「著作権譲渡」とは、先ほどの「ライセンス」とは似て非なるもので、権利を丸ごと相手にあげること。以後、その作品はもう相手の財産となります。たとえば、原作映画の映画化をハリウッドの会社に許可（ライセンス）したつもりだったが、よく見ると「全世界的に、著作権を永久に譲渡（ａｓｓｉｇｎ）する」と書いてある。つまり、原作映画は以後ハリウッドの会社のものになります。

たとえば将来、韓国の映画会社が、その原作映画を今度は「韓国語で韓国の俳優を使ってリメイクしたい」といってきたとする。許可を与えるのは誰でしょうか。もちろん、著作権者であるハリウッドの映画会社です。許可は与えないかもしれない。

それ以前に、日本の原作映画はハリウッドの映画会社のものなのだから、ひょっとすると絶版にされて売られないかもしれない。ハリウッドのお偉がたは、自社製のリメイク映画と同じ内容で、東洋人が演じている古い映画が店頭に並んでいてはマーケティング上よろしくない、と思うかもしれない。もともとは監督なりが原作映画を気に入ってリメイクを希望したのでしょうが、しかしビジネスの判断は別です。これは実際、あり得る話です。ハリウッドで作られたリメイク映画は目もあてられないような出来で、関係者一同リメイク版のことはもう思い出したくないと思っている。でも、名作である原作映画はビデオも絶版になっていて、店頭に出してもらえない。新たに有望な韓国からの映画化の申込は、代金が安いためか担当者が忙しいためか、断る。

暗い予想ばかり口にして申しわけない感じですが、しかし著作権を譲渡するということは、一定の確率でそうなることを覚悟するということです。現に世の中には、著作権者がうんと言わないために市場に出回っていない作品など山のようにあるのですから。

少なくとも国際契約の場合、「書いてあることはそうなる可能性が十分ある」「書いていないことはして貰えない可能性が高い」と思ってのぞむべきですね。

「著作権譲渡のはずがありません」

先にも書いた「契約書は建て前に過ぎない」という日本型の発想は、ハリウッドなどアメリカ方式の契約書との相性が、残念ながら抜群に悪いといってよいでしょう。

筆者がかつて聞いて、愕然とした言葉があります。

やはり映画のリメイク化の契約交渉でした。日本側はこうした場合の常として、映画の「製作委員会」が原作映画の著作権を持っています。「製作委員会」とは、複数の企業が共同で出資して映画を製作し、できあがった映画の著作権は「委員会メンバー」とよばれる出資企業が共有するのです。現在、邦画は九〇パーセント以上がこうした方式で製作されています。リメイクのためハリウッドの映画会社との交渉に立ったのは、新興のコンサルティング会社でした。

映画化のための権利料の交渉も終わり、分厚い英文契約書が届き、おおむねこれで締結しますという直前になって、委員会メンバーのうちの一社が、筆者の事務所に契約書のレビュー（チェック）を依頼してきました。契約書をレビューしたところ、その当時の典型的な内容で、原作映画の著作権は相手に譲渡するとありました。

「この映画はかなりの話題作でしたが、著作権を譲渡してしまうので構わないのですね？」と念のためたずねると、担当者は一瞬絶句しました。

「いや、著作権譲渡なんて聞いていません。交渉窓口の会社はそんなことはいっていなかった……」

いやーな空気が漂いますね。「よくあるパターンだ」と思いました。

ハリウッドの映画会社が著作権を丸ごと、あるいは丸ごとではないにしても大半持っていってしまうのは、国際的な映像ビジネスではかなり一般的なことです。それをこと細かに説明したら、製作委員会のメンバーである日本の映画会社・出版社などが色をなす。なぜなら、日本国内では原作が映像にせよ小説にせよ、映画化のためにわざわざ著作権を譲渡するなどは考えにくいからです。

そんな考えかたには国内の関係者は慣れておらず、「冗談じゃない」という反応が出る可能性が高い。だから、今回のように窓口になったエージェントがそのあたりは極力ぼかして、(責任問題にならないようにどこかでは関係者に告げておくのでしょうが) あまり権利問題にスポットライトを当てないようにして、契約を進める。ありそうな話です。

「今回もきっとそうなのだろう。しかし著作権はビジネスの根幹だから、ちゃんと話さないわけには行かない」。そう思って事務所としての簡単なレポートを出し、委員会の協議に委ねていたところ、思いがけない話が返ってきました。

「著作権譲渡のはずはない」と、窓口となった会社の担当者がいっているというのです。

「しまった！　こちらが契約書を読みちがえたか？」

驚いて契約書を見返しました。はっきりと「著作権を含む一切の権利を全世界において永久に譲渡し、付与し、みんなあげる」と書いてあります。

なんとも不思議な事態になりましたが、その窓口会社の担当者と委員会のメンバーが一同そろう場で契約書を読みあげ、内容を解説することになりました。読みあげて英語の意味を解説して、はじめて窓口担当者も納得したようです。あわてて調印は先延ばしして、対策会議ということになりました。

その担当者は、あまり海外との映像化契約の経験はなかったのかもしれません。おそらく「映画化の契約書なのだから、内容は日本の映画化の契約書と同じようなものだろう」と思い、そういった契約書の「細部」は読んでいなかったのでしょう。

金額など、気になるポイントは一生懸命交渉するが、契約書は「最後のセレモニー」程度に考えている。このケースは極端な例ですが、似たような場面は国際契約ばかりでなく、いまだに日本社会のいたるところで見られます。

しかし欧米、なかんずく「契約社会」アメリカでは「契約書」はビジネスの根幹を決める最重要のビジネスツールです。そこで書いてあることは、口頭など他のやり取りより優先されます。

これは人々の心情としてもかなりそうですし、法律上も「パロール・エビデンス・ルール」（口頭証拠の排除）といって確立された原理です。

また、契約書にも「完全合意」という条文がよく見られます。これは「契約書に書いてあることが当事者の約束の全てであって、その他のやり取りや了解事項に優先する」という約束です。契約書こそがルールなのです。

ですから、相手方は契約書の一語の記載にも神経を集中させ、ビジネスの成否も浮沈もかけてきます。「著作権譲渡」のような決定的な一言が契約書にはごまんとちりばめられ、こちらが見つけられずにサインすれば、書いてある通りの効果がおそらく生まれるし、書いてあるのと違う扱いを受けられる保証は全くない。

さて、くだんの製作委員会。そこからは典型的なルートをたどりました。

窓口の会社としては、何とかハリウッドとの契約を成立させたい。（恐らくこの時点から勉強して）「ハリウッドでは著作権の譲渡を受けるのは常識だ」と主張するようになりました。相手の方では常識なのだから、著作権譲渡もこの際やむなし、というのです。

先に書いたとおり、これはある程度本当のことです。ハリウッドの映画会社は著作権の譲渡を受けようとして来ますし、実際にそうなるケースも少なくない。

完全に「著作権の譲渡」とはいわないとしても、「原作の、全世界での、永久の、ほとんどの利用権を独占的にライセンスせよ」といってくるのは常道です。これをそのまま呑めば、著作権譲渡と実質的にはあまり変わりません。彼ら以外には永久に、こちらも含めて誰も使えないからです。

とはいえ、あとで述べるように相手の慣習に沿いつつも交渉できることはたくさんあるし、その交渉の結果しだいで日本側にとっては大ちがいです。交渉もしないで調印しようという理由にはならない。それ以前に、「相手にとって常識かどうか」が全てではないでしょう。「日本側は作品の著作権を明け渡しても構わないのか」が先決のはずです。

こんなやり取りをへて、条件の改訂交渉と相なりました。第二ラウンドのはじまりです。

「アジアの権利、いらないしなあ」

とはいえ、調印間近になってから、最初から入っている「著作権譲渡」の条件を動かそうというのですから、そう簡単ではありません。というか、対ハリウッドでこの点を交渉しようとすれば、どの段階からはじめようが大変です。日本サイドとしても、今からビジネスを潰したくはない。

そこで、作戦を練って「言語で切り取る」という方針を立てました。こういうことです。

もとの契約書では、ハリウッド側は著作権を取ろうというのですから、当然原作映画について、「全世界で、永久に、あらゆる言語で、あらゆる方法で利用する権利」を独占します。

これを、「全世界で、永久に、**英語で**あらゆる利用をおこなう権利の**ライセンス**」に変えようとしたのです。

著作権の「譲渡」を「ライセンス」に変えた。ただし、全世界で永久であることは一緒。その意味では著作権の譲渡に近いのだけれど、英語での利用権だけに絞ったのです。つまり、英語でリメイク映画を作ったり、その他の作品を作り、利用するのはハリウッド側の自由。こちらは原作の英語での利用については、今後は何の権利もない。

しかし、たとえば韓国でリメイク映画の話が持ちあがったり、フランスや中国での映像化のプロジェクトが立ちあがった際には、それを許可するのは著作権者であるこちらの自由、というわけです。

実際には、字幕や吹き替えはどうするとか、「ホールドバック」といって時期的なバッティングを防ぐ工夫とか、もっとこまごまと交渉するのですが、大きな柱としてはこうした方針でのぞみました。

相手は当然、抵抗します。

しかし、最終段階からの再交渉としては比較的うまくいき、著作権譲渡という言葉ははずしてこちらは「日本語・中国語・韓国語での利用権」を永久に確保。「英語やフランス語など他の言葉での利用権」は先方に与える形で、どうにか決着しました。つまり、日本人や中国人のキャストで日本語や中国語オリジナルの映像を作るならばそれはこちらの自由、英語やフランス語オリジナルでの映像を作るならば相手の自由、というわけです。対価の減額は防げました。


一方、ほかのケースでこうした交渉をしようとすると、当の依頼者から「ピンとこない」という顔をされることもあります。「いや、相手はハリウッドですよ。英語の権利も中国語の権利も韓国語の権利も全部あげて、いろいろな国で展開してもらった方がいいじゃないですか。ハリウッドがまとめて権利を持っている方が国際展開はうまく行くのでは？」と聞かれることもあります。

もっと端的ですと、「こっちはアジアの権利いらないしなあ」という発言になります。

「海外企業に権利を持ってもらった方が展開はうまく行くのでは」という指摘じたいは、考え方としては十分あり得ます。ただし、当然そこにはいくつかの前提があります。①相手がこちらにとっても望ましい展開をしてくれると期待できること、②利用に応じた金銭などの見返りがちゃんと返ってくること、などです。

そして、これはよくある誤解ですが、「権利」と「義務」は違います。「権利」とは「その気になればそうすることができる」という意味であって、「そうしなければならない」という「義務」とは違うのです。

たとえば、ハリウッドに日本映画のリメイクを英語・フランス語・中国語・韓国語でおこなう権利を与えたからといって、ハリウッドが四ヶ国語で四つの映画を作ったり、誰かに作らせてくれる保証なんてどこにもありません。おそらく、作らないでしょう。

単にハリウッドは、「誰かが中国語でリメイク映画を作りたいと思ったら、それに対してイエス・ノーをいえる」という権利を得ただけなのです。ハリウッドがイエスと言わなければ、世界中誰も中国語のリメイク映画は作れない。基本的には、それだけのことです。

たしかに、相手が世界的に作品を展開したいと思っているならば、世界的なライセンスを得ることは先方にとって「必要条件」ではあるでしょう。でもそれは「十分条件」ではないのです。

「長く活用して欲しいから長い期間のライセンスを与えよう」とか、「世界中で展開して欲しいから世界的な独占権を与えよう」という発想は、どれも同じ前提をクリアしなければいけません。「相手に世界的に展開する意思や能力があること」「展開に応じたメリットがこちらにあること」です。世界的に展開する意思や能力のない相手に全言語の独占ライセンスなど与えても、宝の持ち腐れです。

相手は英語での映画作りを考えていて、当座相手に必要なのは英語での独占権だけならば、とりあえず英語での独占ライセンスを与えるのが基本です。仮に映画がヒットして、ハリウッドの会社が中国語でのリメイク権も是非欲しくなったら、待っていれば中国語の権利も取りに来るはずです。

その時点で、対価や条件を協議して、折り合えるならば中国語の権利もあげればよい。活用する動機があれば権利は取りに来るのです。その逆ではありません。動機のない会社に権利を与えたからといって、ムラムラと中国語の映画を作りたくなったりはしないのです。

逆に、相手にとって絶対条件ではなかったのに中国語の権利まで渡してしまって、その後で最初の英語版の映画が失敗に終わったらどうでしょうか。ハリウッドの会社はおそらく作品への関心を急速に失うでしょう。中国語の映画を作ってくれるどころか、英語版も店頭から姿を消すのは、そう遠い未来ではなさそうです。

このように、相手に権利を与える契約のゴールは、「相手が必要としていて、現に活用できそうな権利だけを与える」「それ以外の権利はこちらに残しておく」です。逆に権利を得る契約のゴールは、「対価が変わらないなら、将来活用する可能性のある権利は全部いただく」です。ずい分シビアな考え方ですし、実際には事情に応じて柔軟さが欠かせませんが、国際交渉ではそれが基本とされていることは間違いありません。

そして、ハリウッドなど海外有力企業の多くは、この基本に忠実に交渉をして来ます。日本側が、「たくさん権利をあげたら活用して貰えるかも」「どうせこっちには中国語で映画化する予定は当面ないし」と牧歌的に対応するとすれば、勝負は見えている。結果、「日本語以外でのすべての権利は国外の企業が持っていて、その理由は誰もよく説明できない日本の作品」などというコンテンツが生まれることになります。

ライセンス生産につきもの――「クリエイティブ・コントロール」の攻防

逆のケースを考えてみましょう。相手は海外の有力メディア企業で、有名キャラクターの権利を持っているとします。こちらはそこから利用の許可をもらって、日本で商品にして展開するとしましょう。必要な契約は、利用の許可ですからやはりライセンス契約ですね。

もちろん、キャラクターの権利をそっくり譲渡してもらう「著作権譲渡」でもいいのですが、海外の有力企業がそんな条件に応ずる可能性はあまりありません。万一、著作権譲渡に応ずるとすれば、きっと高額な対価を求めてきます。日本企業には、そこまでの資金を投じて著作権ビジネスをしようという発想はまだないでしょう。

こうしたライセンス契約では、相手企業は、少なくとも契約にたけている企業は、まず「できるだけたくさんの権利をあげよう」とは発想しません。基本に忠実に、「日本側が本当に活用できる期間・地域・利用範囲だけ」というライセンスを発想します。

それに加えて、いろいろな制約が付いてきます。

よくあるのは、「クリエイティブ・コントロール」といわれる条件です。これはどういうものかというと、海外キャラクターに基づいて日本で商品をつくるときに、しばしば新デザインを作りますね。たとえばお正月だったら、そのキャラクターが着物を着て福笑いしてたり、羽根つきしてたりするじゃないですか。

そういうローカル色ゆたかなものばかりではなく、商品のかたちや性質に応じてあらたにデザインを描き起こすことは、ごく当たり前のことでしょう。

中には素晴らしい素敵なデザインも多いですが、先方からしてみたら「これはちょっと困る」というものもあるようです。

それ以前に、「別に変える気はないんだけれど、技術面でおよばず自然にデザインが変わったんだろうな。これは」という商品もよく見かけますよね。なんというか、「カラオケでその気はないのに歌うと編曲になっちゃう人」というか。以前は日本でも多くて、ダダイズムが入ってるウルトラマンとか、印刷ずれで狙ってないのに3D化したドラえもんとか、唐沢なをき（唐沢なとき）さんの『パチモン大王』に収録されそうな商品が、駄菓子屋さん方面を中心にかなり見られましたね。今ではそういう鉱脈も国内では枯渇してきて、海外にいかないとなかなか見られないかもしれませんが。

とにかく、こういう期せずしてデフォルメが効きすぎたような商品は、出まわると印象が悪いというので、権利者は嫌がります。そこで、デザイン面や商品の品質面を途中段階でチェックするということをよくおこなうのですね。「監修」とか、英文契約では「アプルーバル」といわれる手続です。

キャラクターの利用に限らず、家電であれファッションブランドであれ、他社に商品生産をライセンスしたり、商品生産を依頼（委託）する契約書では、「監修」についての条文はつきものの攻防です。

クリエイティブ・コントロールも、条文の内容次第で有利・不利がはっきり出ます。それはもう細かい、ねちっこい、「承認するかしないかは完全に俺さまの胸三寸だから、どんな理由であれデザインや品質にNGが出たら、あきらめて徹夜作業で修正しな」と読めるような条文も多いですね。

「とても本気とは思えない。実際にはこんなに厳しくはしないだろ」なんて侮っていると、ホントに厳しくてプロジェクトがほとんど台なしになった、などという例もありますので、要注意です。

「©DISNEY」の理由

このほかにも、新デザインでは気をつけるべき契約条件があります。それは「アサインバック」という約束です。

五二ページのデザインをご覧ください（図表1　UTGP）。ご存知の方も多いでしょう。

ユニクロが毎年おこなっている公募デザインによるコラボTシャツ企画で、二〇一一年のテーマは「ミッキーマウス＆ミニーマウス」。全世界から寄せられた、ミッキーとミニーを題材にとって自由に二次創作されたデザインから優秀作品を選び、上位作品はユニクロがTシャツ化して実際に店頭で大規模販売するプロジェクトです。受賞作の審査は、ユニクロとディズニーが共同であたったようですね。素敵な作品も多く、筆者の娘も一枚、持っています。

さて、こうしたパロディ・二次創作的な作品は、オリジナルの権利者の許可なくつくられるケースもありますが、ビジネス上は権利者の許可を得てつくるケースが大半です。「UTGP」も当然そうです。公募ですから、応募者たちは、ディズニー社からの許可に基づいてデザイン化したことになります。ここまでは特に問題ない。

ところが、この受賞作のイラストや実際のTシャツを見るとおもしろいことに気づきます。図表の右下をご覧ください。小さなマークが見えますね。何と書いているかというと、「©DISNEY」と書いてあるのです。いわゆるマルシーマーク。「著作権表示」などといいます。その作品について、著作権を持っている者（＝著作権者）の名前をして、世間の人にわかるようにするために使われるマークです。

図表1　UTGP

UTGP2011ホームページ（部分）、及び大賞作
Stella Kwan Shuk Yin「It's a canvas」

Mei Wang「Measuring visual acuity」（UTGP2011入選作）

え？「何も不思議はない。ディズニーのミッキーマウスだから、ディズニーのマークがあるだけじゃないか」？

たしかにそうです。しかし、ここに載っているのは「二次創作のミッキー」です。このように原作にもとづいて手を加えたような新デザインは「二次的著作物」といって、原作とは独立した新しい著作物です。そして、日本を含む多くの国の著作権法では、こうした二次的著作物の権利は、そのアレンジをした者（＝世界中の応募者）が持つのが原則なのです。（なお、UTGPの場合、そもそも厳密には二次的著作物と呼べないようなデザインも入っていますが、その点はここでは省きます。）

もう少し、説明しましょう。

たとえば、吉川英治の『宮本武蔵』を原作にした漫画といえば、井上雄彦さんの『バガボンド』ですね。この漫画『バガボンド』は、吉川原作のストーリーを使っていますが、当然、吉川原作とは独立したあらたな著作物です。その著作権を持つのは、漫画家の井上さんです（このケースでは井上さんのつくった会社法人）。

ですから、たとえば原作の著作権者（＝吉川さんの遺族）だからといって、『バガボンド』を勝手に出版したりはできませんね。それはそうです。いくら原作の著作権者だからといって、漫画の著作権は持っていないから、漫画は基本的に自由には使えません。それが、井上さんが漫画の著作権を持っているということの意味です。

では井上さんが勝手に『バガボンド』をアニメ化したり、いろいろな商品を出せるかといえば、無論、原作の権利者である吉川さんの遺族との契約がないと、勝手にはできません。つまりお互いの合意がいる。以上が、二次的著作物の基本的なルールです。

アサインバックという名の「クリエイティブ帝国主義」

そしてそこが、「©DISNEY」とだけ書いてあったことの不思議さです。二次的著作物である二次創作ミッキー／ミニーの著作権者は、本来応募者のはずなのです。無論、原作の権利者はディズニーです。ですから、「©DISNEY／応募者名」などと並列で書いてあるなら、わかる。二次的著作物と原作のそれぞれの権利者をあらわす、典型的な表示のひとつです。

でも、ここでは「©DISNEY」とだけある。

なぜ、ディズニーだけが著作権を持っているという意味の表示があるのか。

なぜなら、UTGPの応募要項にそういう条件があったからです。

受賞作品の著作権は、すべてディズニー社に帰属し自由に利用することができるという、こうした公募の際にはよく見られる条件です。そのかわり、上位入賞者の方は賞金と、何よりも名誉を得ることになりますから、応募者も条件に納得して応募している場合がほとんどでしょう。

ただ、同じ©表示は、実はディズニーを巡ってはよく見られます。というか、筆者はディズニーに関する商品化で、今まで「©DISNEY」以外のスタイルの表示は（『トイ・ストーリー』などを手がけたピクサー関連以外では）あまり見たことがありません。

この場合、ディズニーと実際に作品をデザインした個人や企業との間に、多かれ少なかれUTGPと似た、著作権についての「特別な合意」があるのが普通です。

その代表例が、ライセンス契約などで見られる「アサインバック」です。

二次創作をライセンスした側の企業（ここではディズニー）が、その見返りに、作られた二次的著作物の著作権を吸いあげてしまう約束です。海外の有力メディア企業を中心に、ビジネスの交換条件としてよく登場する条文です。

こうしたアレンジは、「業務委託」ならば珍しくありません。ディズニーが個人や企業に、ミッキーマウスの二次的著作物をデザインすることを依頼してお金を払う。お金を払った見返りに二次的著作物の著作権の譲渡を受けるというなら、よくある話です。よくある話とはいっても、そこにも「独占禁止法」や「下請法」といった法律があって、ちゃんと合意のうえで適正対価を支払わないといけません。適正対価を支払って著作権の譲渡を受けるならば、通常のビジネスです。

ところがアサインバックは、逆です。普通はライセンスを受けた側が、ライセンス料を支払います。ライセンスを与えた方はお金を受けとり、二次的著作物の権利も受けとる。これがアサインバックの特徴であり、強力さです。

ライセンスを与えるだけで、イキのよい新進クリエイターが素敵な「進化形キャラクター」を作ってくれ、お金ばかりか、その新作品の権利も手に入る。

UTGPを例にとれば、将来、この進化形キャラクターを使ってビジネスをおこなう権利はディズニーにあり、つまりディズニーの知的財産がどんどん増えていくという寸法です。進化形キャラクターを第三者にライセンスして、更に二次的著作物ができたとしましょう。その二次的著作物の権利をまたアサインバックさせれば、理屈の上では利殖のようにどんどん知的財産がたまります。

本来、二次的著作物の著作権を得るべき世界中のクリエイターはどうでしょう。約束したのが単純なアサインバックであれば、何も残りません。

実は、ディズニー自身が、ミッキー以前の最初のヒットキャラクター、「オズワルド」というウサギの著作権を、当時のハリウッドのメジャー映画会社に取られた、という歴史を持っています。

彼らはとり戻すためにメジャーと交渉しますが、失敗する。そこで、二度とその轍は踏むまいとあらたにミッキーマウスを作り（「オズワルド」をアレンジしたデザインでした）、その著作権は当然ながら誰にも渡さなかった（図表2　オズワルドとミッキーマウス）。

もしも、ディズニーがキャラクターや作品の権利をいつも誰かに渡していたら、当然、現在の隆盛はなかったはずです。というより、七〇年代から八〇年代の低迷期を生きのびることができずに、消え去っていたかもしれません。ミッキーマウスなど多くの知的財産権をしっかり確保することで、世界最大のコンテンツ王国が生まれたのでしょう。

仮に、日本の才能あるクリエイターやクリエイティブな会社が、懸命にすばらしい二次的作品を作り、その著作権は海外のメディア企業にとられてしまうケースが多いならば、悪くいえば「クリエイティブ帝国主義」です。

中には、「二次的作品などを作っているからそうなるので、最初からオリジナルのキャラクターを作ればアサインバックの心配もなくなる」という意見もあるでしょう。

ただ、ここではその話をしているのではありません。

ライセンスを受ける側が交渉を尽くしたうえで、「取引をあきらめるよりはこの条件でやむなし」と、シビアな判断で条件を呑んでいるならば、基本的には当事者の自由です。これを、「契約自由の原則」と言います（後述）。

しかし、内容をよく読まず、あるいは読んだとしても「さっと国際常識なんだろうからしょうがない」と、交渉もせずに呑んでしまうケースが多いとすればどうでしょうか。筆者が経験する限りでは、日本では国際契約のアサインバック条項について、「交渉してもしょうがない」という反応が非常に多いように思います。

これでは、知財立国などは夢のまた夢ということにならないでしょうか。

皆さん、身のまわりのキャラクターグッズをよくご覧ください。「おそらく日本のクリエイターのデザイン。でも©は海外企業だけ」。そんなグッズが見つかりませんか？

図表2　オズワルドとミッキーマウス

Walt Disney, Oswald the Lucky Rabbit (1927)

Walt Disney, Mickey Mouse (1928)

「私の名前はどこ?」 クレジットで勝負せよ

日本側が作品の利用をライセンスする場合に戻って、大きな課題をもう一つだけ挙げておきましょう。それは「クレジット」です。「クレジット」とは何かといえば、作品に名前を表示して貰うことです(「ビリング」ともいいます)。

これは重要です。

二〇〇八年、日本の名作アニメ『マッハGoGoGo』という作品が、ハリウッドで実写版映画化されました。『スピード・レーサー』という作品です。監督は『マトリックス』のウォシャウスキー兄弟。かなりの大作で話題になりましたから、ご記憶の方も多いでしょう。レーシングカーのビジュアルなど、往年のタツノコプロのデザインがほぼそのまま再現され、懐かしい日本語のテーマソングもアレンジして使われていました。

この映画ですが、ポスターのどこを見ても、『マッハGoGoGo』の「マ」の字、タツノコプロの「タ」の字も出て来ません。映画好きの方はご存じでしょうが、ハリウッド映画では、日本のエンタテインメント業界以上にこうした関係者のビリングが重要です。『スピード・レーサー』のポスターも、下の部分に六行にわたって、メインキャスト・監督・製作者はもちろん、デザイナー・編集など個人・団体名が二六名分も並びます。しかし、『マッハＧｏＧｏＧｏ』に関係する名前は出てきません。

映画本編を見ましょう。映画の最後に、ズラーっと流れる「エンドタイトル」というものがありますね。スタッフやハリウッドの制作会社などの名前が目立つ演出で画面一杯に登場した後、実に五五番目になってやっと、控えめなサイズで「タツノコプロ製作のオリジナルアニメに基づく」という趣旨の表示が出ます（まさかＧｏＧｏにかけたのか？）。残念ながら、このクレジットに注目する人は少数でしょう。

海外では、映画関係者と映画会社との契約書には、たいていクレジットの位置・サイズなども含めた長文の約束が登場します。日本国内でも、契約書に入れるかはともかく、俳優の事務所はスクリーン上やちらしでの名前の位置や大きさにはかなりの関心を持ちます。なぜか。もちろん気持の問題もあるでしょうが、それが彼らの業界での知名度や次の仕事のチャンスに直結するからです。実際に多くの人の目に触れるのはちらしや新聞・雑誌広告ですし、映画本編ならば最初の方に名前がないと、埋没しがちです。

『スピード・レーサー』が全世界的に宣伝され、公開されても、それが日本のアニメを原作にしており、ましてタツノコプロという会社の名作に基づいているのだということは、おそらくほとんどの人々は知らないままでしょう。

これは、感情としても残念ですが、日本側の次のビジネスチャンスにもつながりにくいかもしれません。

実は、『マッハＧｏＧｏＧｏ』は古くから全米放送されていて（ただしタイトルはもともと『スピード・レーサー』）、米国などでは知名度があります。クエンティン・タランティーノ監督が大好きで主題歌を日本語で歌える、というのは有名な話ですね。

そのため権利関係は複雑なのかもしれませんが、ハリウッドの映画化契約書にタツノコのクレジットについては規定がなかったか、あったとしても「本編のどこかにクレジットを載せればよい」という程度のものだったことは、予想できます。

前に述べたとおり、同社の社長はインタビューで「金銭条件は二の次で許諾した。対価はギフトのような額（＝少額）だった」と話しています。とすると、ハリウッド大作映画化は同社に直接的にはお金をもたらさず、海外での知名度上昇にも大きくは役だたなかった可能性があります。

『スピード・レーサー』のケースは特殊事情があったにせよ、全般に日本の権利者はクレジットについて鷹揚で、「細かい条文は結構です。相手の良識を信頼して」といった反応が多いように思います。

しかし、前述したとおり、契約書に載せていないことは実行してもらえる可能性など高くないし、後からお願いしても、「なぜ契約書の段階でいわなかったのか」と筆者が相手なら答えます。日本では知名度のある原作でも、海外ではあまり知られておらず、日本の原作名を出すことはかえって宣伝の足かせになる、と相手が考えていればなおさらです。

契約書をさして重視せず、作品が公開された後で、「権利者の我われが、なぜこんなに目立たない扱いなのだ！」と怒っても、後の祭りということになります。

見落とすな！　裁判管轄と準拠法

もうひとつ、ライセンスに限らず国際契約全般では非常に大事ですが、日本側はほとんど相手のいうままになっている条文を挙げましょう。それは「裁判管轄」と「準拠法」です。

契約を相手に守ってもらえない場合、最後は裁判などの手続で強制執行したり、損害賠償を請求する必要がありますね。また、契約書は大事なことがすべて書かれているものが理想ですが、なかなかそう理想通りにはいきません。契約書に書かれていない問題が登場したり、その解釈で争いになるケースも少なくないのです。

もちろん、話し合い解決に全力をあげるのですが、最後は裁判などで解決をはかることになります。その裁判はどの国の裁判所でやるのでしょうか。

これは重大な問題です。なぜなら海外での訴訟は、いろいろな意味で圧倒的に不利なことが多いのです。

まずは費用です。相手国の言葉と法廷ですから現地の弁護士に依頼します。アメリカ・イギリスなど国によっては、弁護士費用は本当に高い。「いや日本のキミ達も高い」と言われてしまうかもしれませんが、海外でやり取りも複雑化しますから、すぐに数千万円のレベルになります。

アメリカは特に訴訟が大規模化・熾烈化しやすく、たとえば動画サイト「ユーチューブ」を巨大メディア企業のバイアコムが訴えた訴訟では、バイアコム傘下のパラマウントなどの映像がユーチューブに大量に無断アップされている点について、一〇億ドルの損害賠償が請求されました。裁判一審ではユーチューブ側が全面勝訴したのですが、そのためにユーチューブ陣営がつかった訴訟費用、つまり弁護士費用は実に訴訟額の一割、一億ドル（当時で約八八億円）と報道されています。

費用と同様に大きいのが、関係者の精神的・肉体的負担です。海外訴訟で証人として出頭しなければならないとなると、移動の負担も精神的な負担もかなりのものになります。

加えて、「ホームタウンデシジョン」の問題があります。特にアメリカの州裁判所のように陪審制がとられるケースや、司法がまだ十分に洗練されていない国でいえることですが、どうしても自国の国民や企業に有利な判決が出やすいといわれます。

つまり、海外で訴訟をすれば、こちらに分があるケースでも敗訴するかもしれないということです。ひどい時には、こちらがクレームをしていたのに「反訴」（同じ法廷で反対に訴えられること）をされ、逆に高額の賠償を命じられる、などというケースもあり得なくはありません。

訴訟に一〇〇〇万円以上かかって敗訴の可能性もあるということは、一〇〇〇万円程度のもめごとなら泣き寝入りした方が算盤にあうということです。

実際には、反訴まで心配していたら何もできませんし、日本人の場合、結果を心配しすぎて勝てるチャンスの大きい訴訟すら尻込みする問題の方がはるかに大きいように思います。とはいえ、海外訴訟のリスクや負担が国内訴訟よりも全般に大きいのはまぎれもない事実です。

では裁判地はどうやって決まるのか。

当事者で話し合ったり、各国の法律で決まるのですが、これを契約で事前に決めておくのが「裁判管轄」といわれる条文です。「この契約に基づくすべての紛争や意見の相違は、東京地方裁判所の独占的な管轄に服する」といった約束で、国内契約でも（裁判所は各地にありますから）よく登場する条文です。

このように取りきめておけば多くの場合は有効で、裁判はその独占的な管轄権を持つ裁判所でしか提起できなくなります。（「仲裁」という、裁判と似ているがより話しあいに近い手続で紛争を解決する場合もあります。その「仲裁地」の取りきめでも、以下ほぼ同じことがいえます。）

また、契約書に書かれていない問題が発生したり、契約書の言葉の解釈で意見がわかれた場合には、いずれかの国の法律にしたがって判断することになります。この際、どの国の法律にしたがって解釈するかを、「準拠法」の問題といいます。

たとえば、国際契約を結んだけれど、契約違反の場合の損害賠償についての規定が契約書になかったとしましょう。この場合、準拠法が日本ならば、日本の民法に「義務不履行の場合には他方当事者は損害賠償を請求できる」という規定がありますから、この規定にしたがって取り扱うことになります。法律は国によって違いますから、準拠法が変わればこうした扱いが変わるのですね。

さて、この「裁判管轄」と「準拠法」、海外の企業から提示されるほとんどの契約書のドラフトでは、相手国の「裁判管轄」「準拠法」となっています。こうした条文はたいてい、長い長い契約書の最後のあたりに登場します。こちら側はもう疲労困憊《こんぱい》して一行とばしに読んでいるか、「この辺はもう大事じゃないな。よし終わり！」と油断して、呑みに行っちゃったあたりに、地味に書いてあるのですね。

しかし、いま説明したようにこれらの条文は決定的なのです。簡単に譲るべきでない。

こういっても、日本の関係者はあまり真剣になりません。なぜか。「訴訟などやらない」と思っているからです。「信頼関係を重んじ、万事を話しあいで解決すればよい。我われのような合理的なビジネスマンは、算盤のあわない訴訟などはやったことがない。だからこれからもやらない」。あるいは、それが平均的な日本人の感覚かもしれません。

話し合いで解決する以上、「裁判管轄」も「準拠法」もどうでもいいということでしょう。筆者も、仕事として以外では人生で裁判をしたことはありませんから、感覚としてはよくわかります。

しかしこれは、三つの意味で間違っています。

第一に、いくら温厚で信頼関係を重んじても、それでも訴訟を起こすべきケースはあります。おそらくそうしたケースは全般に増えています。訴訟を起こすほかないケースで泣き寝入りすれば、単に損をして「敗北経験」という負の遺産を残すだけです。

第二に、こちらが訴訟を起こさなくても、海外の相手は起こしてくるかもしれません。問題は、相手国の「裁判管轄」となっていれば、先方はそれだけ気楽に訴訟に踏み切れるということです。つまり、訴訟を避けたいと願うならなおさら、「裁判管轄」は日本にしておくべきことになります。

第三に、裁判をしなくても、裁判管轄はものをいうのです。

たしかに、筆者が専門とするエンタテインメント・メディア分野のように、世界的にも裁判をあまり好まないビジネス業界はあります。筆者のチームが顧問先などから受ける紛争ごとの相談は、年間で一〇〇件をくだらないでしょうが、そのうちで訴訟にまで発展するのはせいぜい三、四件です。国際的な紛争に絞れば、訴訟にいたる比率はさらに大幅に下がります。エンタテインメント・メディア業界は、（海賊版のような完全なるアウトサイダーが相手の場合をのぞいて）ほぼ例外なく裁判は避けたがります。

それでも、国際契約をめぐって深刻な意見対立が生まれると、双方はかならず「裁判管轄」の条項を見ています。そして、「いよいよとなったら自国で裁判ができる」と踏んだ側は交渉上優位にたち、「相手国での裁判を強いられる」（＝いつ外国で裁判を起こされるかわからない）と思った側は気弱になりがちです。これは、洋の東西を問いません。

つまり、「訴訟を避けつつ話し合いで少しでも有利に解決したい」と日本側が思うなら思うほど、「裁判管轄」は大切なのです。

しかし、「裁判管轄」「準拠法」の交渉は、常にかなりタフです。

なにせ日本側は、その重要性がピンと来ない。相手は対照的に、真剣に交渉して来ます。「準拠法・管轄は日本側にしてください」と要求すると、まず頑としてききません。そして、それこそ無数に「ことわる理由」を挙げて来ます。

「過去もすべてこれでやってきた」「我われの国の裁判所のほうが、この分野には慣れている」「こんな小規模のビジネスのために、日本まで行って裁判をするリスクは負えない」……。果ては「わが国の法律で、そんな契約は禁じられている」まで。

さまざまなポイントを交渉していって、最後の最後まで「管轄」が残る。そして「この点で合意できないならディールブレーク（交渉決裂）だ」と通告してくる、といった場面も決して珍しくありません。

すると日本側は腰がくだけます。「相手もこんなにいっているのだから合意しましょう」となる。それは、逆です。

なぜ、金額面でも、その他の条件面でもある程度妥協してきた相手が、管轄だけ呑まないのか。そこが一番危ないと思っているからです。

「裁判管轄」「準拠法」の交渉は、さまざまな妥協案・中間案をさぐりながら粘りぬくべき、契約書の勝負どころなのです。

アメリカ人は交渉する。日本人は「真意」を問い合わせ、「悪意」がないことを知ろうとする

国際交渉で日本側が対等に交渉できない具体例を、いくつか紹介してきました。こうした交渉で、日本側の典型的な対応だと筆者が思う場面があります。

先ほどの、契約書が「著作権譲渡」になっていた映画化の例を思い起こしてみてください。仮にがんばって契約書を読んで、ひどく不利な部分を見つけたとします。この場合、日本側の関係者がまずおこなうことは「問い合わせ」です。

もちろん、趣旨が不明確な条文ならば問い合わせて、明確に書き直してもらうのが当然です。ただ契約書の意味ははっきりしている場合、そしてそれは自分達にとって圧倒的に不利な場合、アメリカ人であればとるべき行動は明確です。彼らの多くは「この条件は困るので、こう変えてくれ」とはっきり伝え、「交渉」をしようとするのです。

しかし日本側は、国内契約だったら絶対に一蹴するような条件でも、「一蹴」や「交渉」ではなくしばしばこの「問い合わせ」をやります。何を問い合わせるか。一言でいえば相手方の「真意」を問い合わせるのです。

問い合わせると相手方は、「我われはしかじかの理由でこうした条文にしている。が、念のためこうしているだけであって、悪いようにはしない」といった説明をしてくることが多いでしょう。すると、日本側はしばしばこの説明で納得するのです。「納得したがる」というほうが正確かもしれません。時には、自分達で理由を見つけ出して補充してでも「納得」します。

なぜでしょうか。

相手の「真意」が「悪意でない」とわかったからです。日本の依頼者と国際契約の仕事をしていると、もっとも重要なのは「自分たちも相手方も善意で誠実であって、一方的に見える条文にはそれなりに事情があること」の確認であるかのように感じる場面に出会います。いわば契約書は、信頼関係を補完するための「儀礼」のような発想です。

もちろん、世界中誰にとっても信頼関係は重要でしょう。しかし、少なくとも多くの欧米人にとって契約書は「儀礼」ではなく、ビジネスのルール作りそのものです。

ここには、先に述べた法文化の違いがあるかもしれません。おそらく私たち日本人の多くは、自分と相手の間に利害の対立があるという状況が居心地悪いのです。ですから、「そんなものはないのだ。双方の真意さえ伝われば我々は同じところに立っているのだ」というフィクションに立ちたがる。そのため、利害の対立を前提に、自分の立場を主張して妥協点を探る契約交渉は苦手なのではないでしょうか。

なるほど文化の違いかもしれませんが、この違いで受益するのは相手方であって、不利なのは日本側です。いざことが起こったら、ものをいうのは契約書の記載事項であり、動機の「善意」「悪意」はそこでは何の関係もないからです。

（そもそも人間の「善意」「悪意」は、おそらくそんなに単純に割り切れるものでもなければ、問い合わせでわかるものでもないように思います。）

「今回は、とにかく合意最優先で」

こう考えてくると、『日本人の法意識』で語られた川島教授の理解は、（その後さまざまな再検討も受けていますが）やはり的を射ていた部分が多いように筆者は感じます。それを象徴する言葉が「今回はとにかく合意最優先で」という発言です。

契約書の条件交渉がある程度難航すると、日本側でしばしば聞かれる言葉です。ケースによっては、最初に相談にみえた時に「合意最優先」を前提に契約書にアドバイスして欲しい、とお願いされることもあります。

これは、一面ではわかります。筆者に限らず弁護士や契約担当者は、しばしばさほど実害もないような契約書の細部や論理関係にこだわり、長々とした字句の争いを相手とはじめます。「こんなことにはほとんど意味がない。会社は実益もない用語の整理や、自分の頭がよいことを証明するような作業のために、あなたに報酬や給与を払っているのではないのだよ」といいたくなる、弁護士や契約担当者はいます。

「無駄な作業ではなく、本当に大事な点に絞って合意をめざして欲しい」という意味で使われるなら、「合意最優先」はまったく肝に銘じるべき言葉です。

しかし、もしも文字どおり、「条件よりも合意が優先」という意味で使われているならば、これはずいぶん奇妙な日本語になります。「合意」とは、おたがいに条件が合致することをいいます。それぞれの側に、決裂するよりは合意した方がよい最低条件があるはずで、そのラインを双方がクリアできた時が合意すべき時です。どんなケースでも、この判断のない合意はあり得ません。「合意」は絶対に、「条件」には優先しないのです。

たとえば、世間へのアピールのために、「とにかくあそこと組んだということを発表したい。だからかなり不利な条件でも合意したい」というケースはあるでしょう。それでも、「我慢できる条件のラインが下がった」というだけのことであって、どんな条件でもよいということは意味しないはずです。

世間へのアピールのための契約だとしても、たとえば相手が「この契約の存在は秘密にすべし」という、「秘密条項」を契約書に入れていたらどうでしょう。別に珍しい条件ではありません。すると、組んだことを発表できないのです。つまり、この場合には合意可能な条件のラインには達していないことになります。

どうも日本では、合意こそが目的であって、破談はそれ自体が失態、という発想が強すぎるように思います。そのため、「この条件を呑むくらいなら破談にしてほかのビジネス相手を探す方がよい」というリーズナブルな判断ができず、締結前から後悔しているような契約書をかわすケースが増えるのではないでしょうか。

そして、少なからぬ国際交渉で、日本人のそうした状況は相手に読まれていたように思えてならないのです。この点は、後ほどまた話しましょう。

情報化・多様化する社会と、国内ビジネス契約

次に、国内のビジネス契約の事例を見てみましょう。

黒船「グーグル」に揺れた日本の出版界

二〇一〇年は、日本の出版界が電子書籍への対応に揺れた年でした。その皮切りともいえた事件が、前年二月ころに日本をおそった、「グーグルブックス」和解の衝撃です。

「グーグルブックス」（旧名　グーグルブック検索）とは、検索エンジンの世界で圧倒的なシェアを握るグーグルが、総数一億五〇〇〇万冊という世界中の書籍を次々スキャンして電子化し、ネットを通じて世界中の人々が検索できるようにするという計画でした。開始からおよそ六年で、実に一五〇〇万冊が電子化済みという巨大プロジェクトです。

このプロジェクトに対して、アメリカの作家・出版社たちが、「無断でのスキャンは著作権の侵害だ」という集団訴訟を起こしました。訴訟は二〇〇八年一〇月に和解に至り、和解案が公表されたのですが、その内容は驚くべきものでした。

訴えられていたはずのグーグルは「今後も世界中の書籍のスキャンを継続してよい。そして、その書籍が米国で市販中でない場合、ネットを通じて全文を有料配信してよい」。ざっくりといえば、こうしたことが和解では取り決められたのです。ただし「権利者が配信停止を求めた書籍の配信はやめるし、配信収入は権利者に分配する」とされました。

対象は全世界の書籍。世界中の作家や出版社に（いささか不十分な内容の）通知が発せられ、「期限までに和解から離脱を宣言しない権利者は、こうした条件に拘束される」と発表されました。

ずいぶん乱暴な話です。アメリカでルールは決めたから、嫌な人は手をあげておりなさい、と聞こえます。なぜ、「離脱を宣言しないかぎり外国の、しかも他人の裁判の和解条件に拘束される」などという乱暴な話になるかといえば、この訴訟が「クラスアクション」という特殊な集団訴訟の形をとっていたからなのですが、ここでは詳細は省きます。（詳しくは、拙著『著作権の世紀』集英社新書　一四三頁以下参照。）

とにかく、世界中で和解案への反発は広がりましたし、日本の出版界でも批判が巻き起こる中、「この和解から離脱するのか、しないのか」が課題になりました。

問われる日本のメディア産業の契約慣行

問題はここからです。和解から離脱をするか、あるいは離脱はしないにせよ特定の書籍の配信を停止するか、という問題を考える前提として、「それを決める権限は誰にあるのか」が日本では問題になりました。

というのは、日本の出版界では、グーグルブックスのような書籍の電子配信（いわゆる電子書籍化）の権利は出版社にあるのか作家にあるのか、あるいはその判断権限はどちらにあるのか、必ずしもはっきりしなかったからです。

出版ビジネスは、本書で説明した日本型の契約慣行のかなり典型的な例です。当然ですが、出版社は作家やカメラマンの作品（著作物）を出版するのですから、両者の間には出版についての契約があるはずです。ところが、伝統的に作家と出版社は必ずしも書面で契約書はかわしてきませんでした。つまり、口頭や暗黙での約束が多いということです。

日本書籍出版協会（書協）という団体が二〇〇五年に調べたところでは、過去一年間の新刊書ですら、出版契約書をかわした例は四五パーセント強で、半分に満たなかったのです。その後、新たな書籍の締結率はかなり上がりましたが、雑誌の場合にはいまだにライターやカメラマンとの契約書はかわさないケースが多いでしょう。

古い作家さんや編集者の中では、いまだに「契約書などというものは信頼関係を壊す」として、頑として契約書をかわそうとはしない方もいると聞きます。更に、契約書をかわすとしても内容は必ずしも明確でなかったり、実態に即していなかったりします。

その最たる例が、電子出版の扱いでした。当時かわされていた典型的な契約書は、書協の以前の「契約ひな型」に近いものです。そこでは、出版社は電子出版について「優先権」や「処理の委任」を受けることになっていました。

まず、この「優先権」の内容がはっきりしません。また、文字どおり「処理の委任」であれば、出版社は単に作家から窓口として「雇われて」おり、作家に全てを報告してその意向に従って電子化を進めるべきようにも思えます。しかし、実態はどうでしょうか。多くの場合、作家や出版社は、必ずしも出版社が作家の「手足」に過ぎないとは考えていないようにも思えます。

つまり、電子出版について当事者の権利や立場はあいまいだったり未解決で、必ずしも契約書に正確に反映されてはいない状態だったといえます。これは、ひとつには電子出版がそれまではビジネスとして本格化していなかったせいもあります。また、戦略として、あえて両者があいまいにしていた部分もあるようです。

しかしそれに加えて、「契約書はなかば形式であって、実際には話しあいで進めて行くべきだ」という意識が、作家・出版社双方にあったことも否定できません。

いざ電子化の波がきたとき、この「話し合い」が全く機能しなかった、ということはありません。現に電子出版の点数は、いくつもの課題を抱えつつも一貫して増え続けてはいます。それでも、大量の書籍を短期間で電子化に対応させるうえで、毎回話し合いをしなければならない契約書では不安すぎる、と思う出版社も少なからずあり、次項で述べるような契約書の見直し作業が急ピッチで進むことになりました。

日本型の契約慣行は、①電子化のようにそれまで想定していなかったビジネス形態があらわれたとき、②グーグルのようなこれまでのコミュニティの外にいる異業種とのビジネスをおこなうとき、そして③国際化という「外」の世界との交渉では、必ずしも役に立たない。

つまり、社会が情報化・多様化するときに、従来の日本型のビジネスの進め方ではリスクが高いということが浮き彫りになったのが、出版界にとっての「電子書籍元年」だったかもしれません。

危険な「統一書式」幻想

さて、電子書籍対応の必要性から、二〇一〇年前後、出版社はあいついで契約書の改訂と締結の徹底に乗りだします。独自に契約書を改訂する出版社があらわれ、作家と出版社とのあいだで（いささかぎこちない）契約をめぐる対話もはじまりました。他方で、前述の書協をはじめ業界団体で、統一の契約書式やガイドラインを作る動きも出てきました。

たとえば、書協は新たな契約書式を発表し、その中で、これまでは「優先権」「処理の委任」と、あいまいだったり実態とちがうと評されていた電子出版についての出版社の立場を、「独占的な許諾（＝ライセンス）」と書きかえて明確化をはかりました。いわば、出版社として本音で主張する方向に一歩踏み出したことになります。

これまでほとんど契約書をかわさなかった雑誌では、日本雑誌協会が日本文藝家協会など作家の団体との間で、執筆原稿や写真の著作権の帰属についての「ガイドライン」を作りました。これは、執筆原稿や写真について一ヶ月などのきまった期間中、「ライターや写真家は出版社に著作権を譲渡する（＝出版社は自由に利用して良い）。ただし期間が過ぎたら著作権はライターや写真家に戻る」というものです。ガイドラインなので強制力はなく、これに従うかどうかは各ライターや出版社の自由とされました。

それぞれの契約書やガイドラインの内容については賛否があるでしょうが、あいまいな日本モデルが必ずしも機能しなくなった領域で、本音で契約書の話をしようという姿勢は評価できるように思います。

ただし、こうした統一書式やガイドラインに期待し過ぎるのは危険です。日本では伝統的に、対処しなくてはならない問題が生まれると、コミュニティ内で団体行動を取ろうとする動きが出てきます。他者がどうしているかを入念にリサーチし、周囲がどちらの方向に進むかを見さだめて、そちらにいこうという傾向が強いようで、これは何も出版界に限ったものではなく、ほかのビジネスや弁護士の世界でも基本的には同じでしょう。

無論、こうした事前リサーチは非常に有益です。

しかし、ビジネスや物づくりもそうであるように、契約書も本来、オーダーメイドのものです。各社・各人の戦略や事情にあわせて、個別に腹をわった交渉をして決まるべきものであって、誰かに決めてもらうものではありません。みんなが行く方に行けば安全ということもありません。

第一に、それでは変化の速いビジネスでは出遅れます。第二に、ビジネスは本来、ひとのやらないことをして差別化をはかるものです。そうであるならば、そのビジネスのための契約交渉も、ひとのしないことをするから勝機をつかめるかもしれないのです。

現在第一線にいる有力出版社も、あるいは電子出版の台風の眼になった海外メディア企業も、本来は横並びの中からは生まれなかったはずです。

統一書式や団体行動のメリットは生かしつつ、各自各様の戦略をもって、いかにオーダーメイドの契約交渉ができるか。情報化社会の中では企業のそうした姿勢が浮沈を決めるように思います。

ユーザーと利用規約

「ツイッター」「ユーチューブ」などの人気サービスの規約に何が書いてあるか

最後は、個人の契約でおこっていることを見てみましょう。

冒頭でも述べたように、情報化が進む中で、ネット上ではさまざまな新サービスが人気を博しています。

過去数年間、常に話題の中心にあったのは前述のグーグルとその子会社ユーチューブでしょう。ユーチューブは二〇〇五年、三人の若者が起業してから、またたく間にネットを席巻した動画投稿サイトです。誰でも原則一五分までの動画をアップして世界中の人に見てもらうことができ、本書執筆時点で一日三〇億ページビューというとてつもないアクセス数を誇る、「世界最大のテレビ局」といえます。

世界中のあらゆるネットサイトの中で、アクセス数では世界第三位（ＡＬＥＸＡ調べ）にランクされ、親会社でありアクセス数第一位のグーグルと合わせれば、五位以内の他の三社（フェイスブック、ヤフー、マイクロソフトＬｉｖｅ）の合計アクセス数をしのぐ、ネット界のガリバー親子です。

やや遅れて、二〇〇九年から大きなブームを迎えたのはツイッターです。誰でも一四〇字までのつぶやきを発することができ、お互いに気に入った人のつぶやきを「フォロー」してリアルタイムで読むことができます。さまざまな人々と会話を楽しむことができるという意味では、ブログというより「チャット」サービスと呼んだ方が実態に近いかもしれません。二〇一〇年にはついに、国内利用者が一〇〇〇万人を超えるなど、爆発的なヒットとなりました。

そのほか、創業者をモデルに映画化もされ世界七億五〇〇〇万人のユーザーを誇るＳＮＳ「フェイスブック」、Ｅコマースの覇者「アマゾン」、ｉＰｈｏｎｅ、ｉＰａｄでコミュニケーションのあり方を変えたアップル、世界を丸ごとリアルタイムの事典化したウィキペディアなど、現在ネット界を席巻する多くのサービスはアメリカ発です。リアルな世界では「アメリカの覇権にかげりが出た」といわれることが少なくありませんが、少なくとも情報世界においてはアメリカ勢の覇権はいや増してさえ見えます。

筆者もご多分にもれず、前述のサービスのほとんどすべてを利用しています。ネットの新サービスたちはコミュニケーションや情報流通のありかたを変え、現代の我われの生活は、良かれ悪しかれこれら新サービスがなくては成り立たなくなりました。

さて、ネット・サービスの多くは、利用しようとすれば基本的に「アカウント」を作る必要があります。ユーチューブやウィキペディアを単に見るだけならば必要ありませんが、ユーチューブに映像をアップしようとすれば、ユーザー情報を登録して「アカウント」を作る必要がありますね。こうした時に、皆さんたいていは「利用規約に同意する」というボタンをクリックしているはずです。

「利用規約」、つまり「利用上の契約書」です。皆さん、「同意」とクリックしているので、おそらくその契約書をかわしたことになりそうです。

前にも書きましたが、この利用規約を読まれたことはおありですか。

そこでどんなことが書かれているか、ご存知ですか。

ためしに、ユーチューブの利用規約を見てみましょう。皆さん、ご自分が作られた動画をアップしますね。中には、（善し悪しはともかく）TVで録画した番組をアップしている方もいらっしゃるでしょう。そうした動画は、自分で作ったものならば、著作権は皆さんにあります。でも、もしも先ほど紹介した国際契約のように、利用規約に「アップした動画の著作権は自動的にユーチューブのものになります」と書いてあったらどうしましょうか。

大丈夫、そんなことは書いてありません。ちゃんと、「アップされた動画の著作権は投稿した皆さんのものです」と書いてあります（現在の日本語訳では、なぜか著作権ではなく所有権になっていますが）。ただし、規約にはこんなことも書いてあります。

「ユーチューブには、投稿動画を世界的に、無償にて、複製・配布・出版・翻案などするライセンスが与えられる」（第六条C項）

ユーチューブは、投稿動画をただで、全世界的にどう使っても良い。「翻案」もできるとあります。つまり、皆さんの投稿動画を改変・編集したり、投稿動画を別な作品の素材に使ったりすることもできる。そして、こうしたユーチューブの権利は「サブライセンス可能かつ譲渡可能」とあります。どうやら、ユーチューブはそうした利用権を他社に譲り渡すこともできるようです。

ふむ。皆さん、カラオケで歌った映像など、酔いにまかせてアップしていませんか？　どこかのＴＶのショッピングチャンネルで突然、「カラオケのヘタなサラリーマンの映像」としてご自分が登場するかもしれません。

いや、仮にそうなっても楽しいからいいとしましょう。

しかし、ＴＶ番組など他人の作った映像をアップする時には要注意ですね。皆さんは、そうした利用権を権利者に無断で勝手にユーチューブに許諾したことになるのです。ユーチューブが映像を無償で転用して、仮に元の権利者に訴えられたら、どうなるでしょうか。これも、ちゃんと規定があります。その場合には、投稿した皆さんが、ユーチューブ社の膨大な弁護士費用を含めて全責任を負うことになっています（第一一条）。なにせ皆さんは、「投稿した映像については全ての権利が処理済みであり、投稿した映像をユーチューブがどう利用しようが誰の権利も侵害しない」と請け合っているのです（第六条Ｄ項）。これは、文章や音楽など、映像の中で使われた他人の作品も含めてです。かつ、その動画の内容が国の法令などにも触れないことを保証しています（同Ｅ項）。

どこの国の法令かは書いてありませんが、おそらく世界中の国の法令でしょう。
　盤石ですね。ユーチューブにとっては。

　ユーチューブの場合には、その利用権は皆さんがアップ動画を削除した場合、「そこから合理的な期間の経過後」に終了することになっています（同Ｃ項）。「合理的」な期間がどのくらいか？　わかりませんが、きっと一〇年などではないでしょう。もっとも、ユーチューブ上で人気を得た何千、何万という再生回数の動画だとすれば、果たして自分で削除する気になれるかはその人しだいですね。

　なお、ユーストリーム（Ｕｓｔ）という、やはり大人気のユーチューブのライブ版のような動画投稿サイトがありますが、こちらの利用権は永久です。

　宇多田ヒカルや坂本龍一など、ユーチューブやＵｓｔでライブ映像を発表するアーティストは増えていますが、特別な契約をかわしているケースを除けば、そういう権利を無料でこれらの会社に与えていることになります。これは、ユーチューブやＵｓｔからすれば大変な映像資産ですね。ひょっとすると、いずれＵｓｔ社からライセンスを受けたどこかの会社が、「アーティスト●●の貴重ライブ映像集」としてＤＶＤを売り出すかもしれません。

図表3　主要なネットサービスの利用規約比較（大要）

	YouTube	Ustream	Twitter	Facebook	mixi
1）日本語の正式な規約が用意されているか	Yes	Yes（モバイルを除く）	No	No	Yes
2）投稿について事業者に無償・無限定の利用権があるか	Yes	Yes	Yes	Noか	No
3）投稿を削除すれば事業者の利用権は消滅するか	Yes	No	No	Yes	?
4）ユーザー側の営業の自由度は高いか	△	No	Yes	Yes	No
5）事業者は理由を問わず投稿を削除できるか	No	Yes	Yes	No	No
6）その場合、ユーザーに弁明の機会は与えられるか	Noか	No	No	Noか	No
7）事業者は理由を問わずアカウントを停止・削除できるか	No	Yes	Yes	No	Yes
8）事業者とトラブルになった場合、海外で裁判をおこなう規定か	Yes	No（モバイルを除く）	Yes	Yes	No
9）事業者は規約を自由に変更でき、ユーザーは個別通知なくそれに拘束されるか	Yes	Yes	Yes	No	Yes

*あくまで、2011年7月現在の規約の文面に基づいてごく大要をまとめたもので、各社が自ら規約をどう解釈・運用しているかは考慮しない。規定の一部は、「消費者契約法」や「改正民事訴訟法」など適用法令上無効になったり、内容が変更される可能性がある。ただし、その適用法令がどの国の法令になるかは、これまた厄介な難問である。

**詳細は、Internet Watchサイトに掲載中の拙稿「規約間競争が始まる？ FacebookやTwitterなど人気サイト利用規約を読み比べる」を参照のこと。

少し大げさに書きました。無責任な予測を書けば、おそらくユーチューブもＵｓｔもそんな無茶な動画の流用はしません。そんなことをすれば、いくら利用規約では許されるといっても、ネット上で批判が高まってユーザーが逃げます。

ただし、将来はわかりません。ネットビジネスの浮き沈みは激しい。現在覇権を握っている企業も、五年後には人手にわたり、新たな経営者は「映像資産」をもっと積極的に活用しようとする可能性はあります。

そんな個人映像の「流出」事件も、近い将来起きるかもしれません。問題は、通常の「流出」事件は何かしら違法なものですが、このケースでの「流出」は、少なくとも皆さんが同意したことになっている利用規約上では、正面から許されているということです。

以上が、ネット上でほぼ読まずに「同意」されている利用規約に書いてあることです。

情報社会のゆくえを左右する「利用規約」の重要性

もっとも、以上はなにもユーチューブやＵｓｔだけが特別という話ではありません。たいていのユーザー発信型サービスの利用規約は、程度の差こそあれ相当に事業者側有利に作られています（図表3　主要なネットサービスの利用規約比較）。

そもそも、ネットに限らず利用規約というものは、事業者が一方的に作ってユーザーに同意を求めるものです。ユーザーが異論を述べることはめったにないし、企業の論理としては当然、少しでも自社に有利なものにしようとします。ひとつには、世の中にはシステムを悪用しようとする人や「クレーマー」といわれる人がいますから、利用規約はかなり有利に作っておかないと、そういう方と対峙する際にやりにくくなるのです。

筆者も、ネット系の依頼者を中心にこれまでいくつも利用規約を作りました。それらは、アメリカ企業のものほどクドくはないにせよ、まあ十分に事業者側に有利なものでした。依頼者にとって望ましい内容の規約案を提示できないようでは、ビジネス弁護士としては失格です。

主要なネットサービスの利用規約をもう少し見てみれば、仮にサービスが途中で中断したり投稿データが消滅したり、運営側が問題ありと見た投稿を削除したとしても、多くの規約ではユーザーは文句をいえません。ユーザーは、一方的にアカウントを取り消されることもあります。

仮に、何かの問題で運営側ともめごとになって、アカウントを一気に削除されたとしましょう。不満があれば、たいていは相手の本国で裁判をやることになっています。前に述べた「裁判管轄」ですね。フェイスブックなら「カリフォルニア州サンタクララ」という場所ですが、どこでしょう？　「サンタクララ」って。

一ユーザーにはこうした訴訟はまず無理でしょう。つまり、同社ともめても泣き寝入りと読めます。いずれも、厳しいほうではありますが、珍しい規定ではありません。

もちろん、日本には「消費者契約法」などの消費者を守る法律がありますから、あまりに事業者に一方的に有利な規定はさだめても無効になります（一一一ページ：「強行法規」参照）。しかし、消費者を守る「強行法規」といっても、ある程度極端なケースではじめて発動されるものです。

事業者に有利な利用規約でも大半の規定は有効でしょうし、それ以前に、海外発のサービスの場合にはたいてい、企業の本拠地もサーバーも国外にあります。「日本のユーザーも使っている」というだけの理由で、日本の消費者契約法などが適用されるかどうかも、わからないのです。日本に消費者法制があっても、おそらく運営側はあまり日本の個別法は気にかけていないでしょう。

これは重要な問題ですね。

ネットの世界はボーダレスです。A国に本拠を置く企業がB国におもなサーバーを置いて、そのユーザーはC国とD国に多い（サイトの言語もC国語とD国語）、なんていう事態は十分にあり得るでしょう（図表4　どの国の法令で考える?）。IT企業の中には節税のためにアイルランド法人などを通じて海外事業を展開するケースもありますし、仮にサーバーはおもにアメリカにあるとしても、ユーザーの数ではアメリカとならんで日本も上位国かもしれません。

いったい、そんなボーダレスな世界の「法令」を誰がつくるのでしょうか。

仮に、先ほどの例で「サーバーのあるB国の法令でさばく」ということになったとしても、本拠地もない企業に対してどうやって実効性を持たせるのか。サーバーをよその国に移されてしまえば終わりか。

他方、「本拠地であるA国の法令でさばく」となったとしても、ユーザーの大半はA国に住んでいない場合、そんな国の政府の法令にユーザーの保護を委ねていいのか。C・D国のユーザーは基本的にA国の政策には影響を及ぼせないでしょうから、外国の政府頼みということになりますね。

情報化が進むと、人々の間をとりしきるルールとして国の法令の実効性は、今より少な

図表４　どの国の法令で考える？

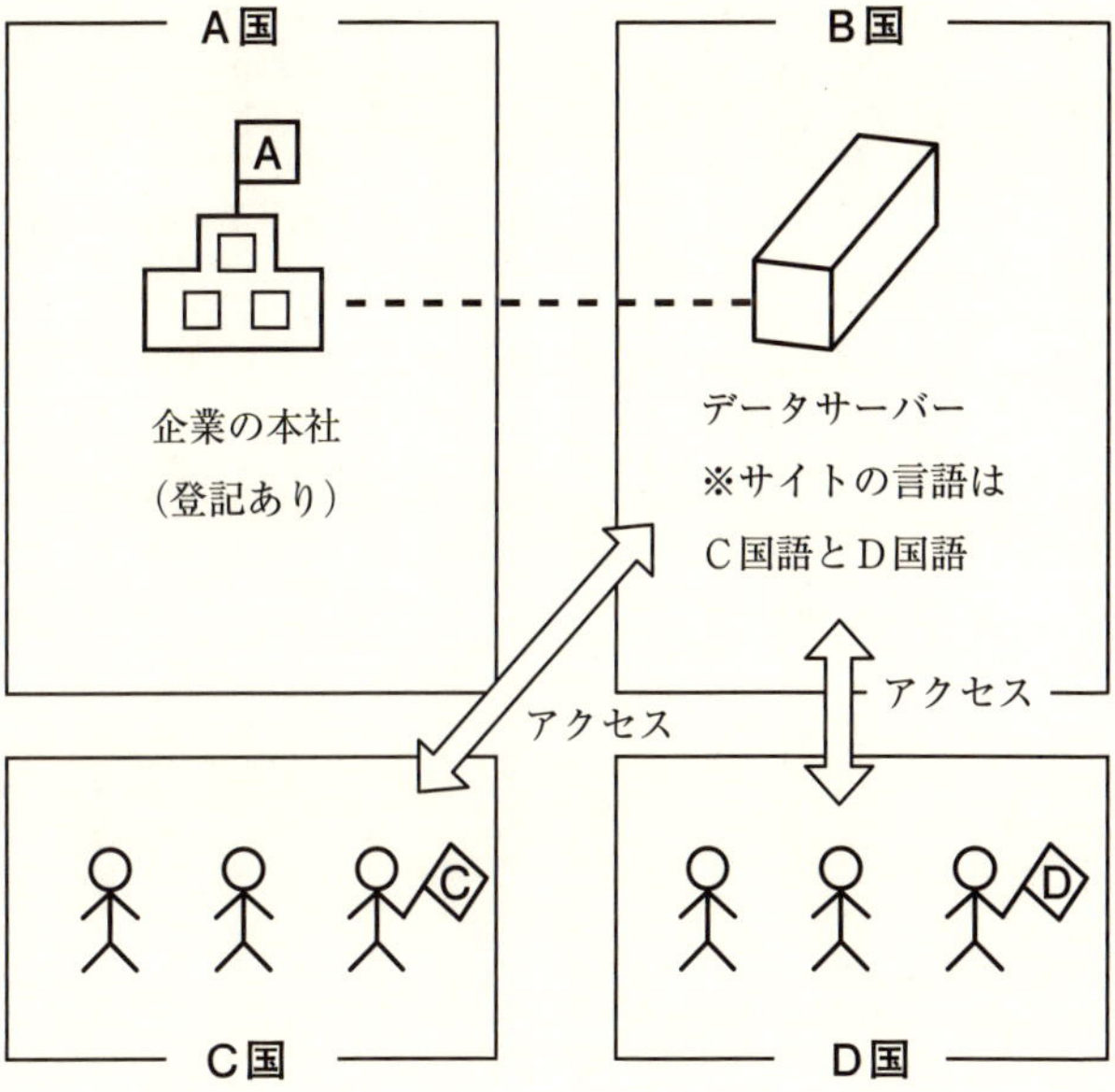

くなるかもしれません。どうも、「法令できめたのでそれで解決」というわけにはいかなそうです。情報世界では、利用規約という名の契約こそが、企業とユーザーとの間の唯一の「法律」となる場面が増えるのかもしれません。

特に、利用規約が一方的だからといって、ユーザーがほかのサービスに乗りかえることもできないようなネット上の覇権企業の場合、「利用規約」はユーザーにとっては事実上の法令であるといえるでしょう。

そのルールに従わなければそもそもアカウントを作れず、あるいはアカウントを削除されてしまって、サービスが使えない。だからといって、代替できるようなほかのサービスはない。現在、ユーチューブほど世界に届く動画の投稿サイトや、ツイッターに代替できそうなSNSがあるかという話ですね。ユーチューブやツイッターでないと困るし今さら乗りかえられない、というユーザーは多いでしょう。

問題は、国の法律ならば議会が議論して作りますが、ネットの利用規約の場合にはその「ルール」を企業が一方的に作るということです。一方的に作れてしまう法令。これはかなり怖いですね。

情報社会でのルールとルールメイキングは、これからの情報化社会の大きな課題です。

「読んでいられない」――その通り

もっとも、こうした話をされても、ユーザーの方はとまどってしまうかもしれません。「そういった規約がうれしいかといわれれば、愉快ではない。だからといってどうすればいいのか。それ以前に、利用規約なんて読んでいられない」

その通りです。筆者は仕事だから読みましたが、そうでなければネットの利用規約なんて読みません。保険会社も交通機関も「約款」といって同じようにかなり会社側に有利なルールを持っていますが、皆さん読みませんね。

ひとつには、前に書いたように「だいたい常識的なことが書いてあるだろう」「規約なんて建前で実際には悪いようにはしないだろう」という漠然とした期待感のせいもあるでしょう。

もうひとつの理由は、前項で書いたとおり、読んでもどうしようもない気がするからです。仮に、がんばって利用規約を読んで、気に入らないからとユーチューブに変更を求める人がいたとしても、おそらく通らないでしょう。通らないとしてもやはりユーチューブは使いたい。そうであれば、規約を読むことには一見、意味はありませんね。

それでも、ユーチューブにせよUｓｔにせよ、それらをおもな活動場所にしている個人や団体ならば、活動の基盤にしているサービスについて、自分たちが何に同意しているかくらいは読んでおくべきです。知ったうえでなおサービスを使うなら、それは自立した判断です。「何もできないのだから知らなくて良い」というのは、言葉は悪いですが盲従の論理のように聞こえます。

実際、一方的と思われた利用規約が社会問題化して、ネット企業側が変更を迫られるケースはあります。記憶に残るのはｍｉｘｉで、二〇〇八年にご紹介したユーチューブと同じような「利用権」の規定に改定しようとしたところ、大きな批判を受けてこの新条文を撤回しました。本稿執筆時には、ネット企業としてはむしろ控えめといってよい条文に後退しています。

フェイスブックでも、かつて規約を改正してフェイスブックの「利用権」を強化しようとしたところ、これに反対するグループに四万八〇〇〇人ものユーザーが集まり、ザッカーバーグＣＥＯが釈明・撤回する騒ぎに発展したことがあります。フェイスブックはこの論争をきっかけに、「サイトガバナンス」というユニークなページを創設しました。利用規約を改定しようとする際には、まずここでユーザーのコメントを募り、七〇〇〇名を超えるユーザーが規約について何かコメントした場合、なんと代替案を含む投票に持ち込めるというのです（同社規約第一三条）。いわば、ネット国家フェイスブックの「国民投票」です。

八八ページでご紹介したツイッターの利用規約も、二〇〇九年に前述のフェイスブック騒動などを睨みつつ、「ユーザーの権利をより明確にする」として「改善」された規約なのですね。

外資系の企業であれネット世論は気にするでしょうし、日本という大きなマーケットでのユーザーの「受け」が気にならないはずはありません。国の法令が届きにくい、利用規約という新しい「ルール」の支配する情報社会では、ユーザーにこうした正しい情報を伝え、それを集約できる新たなジャーナリズムの役割は大きいように思います。

国際契約・国内ビジネス契約・個人ユーザー契約の三つの例をとりあげて、起こっているさまざまな問題を見てきました。

共通していえることは、従来の「日本的な契約とのつきあい方」には長所もあるものの、情報化・国際化の中でそれだけでは対処できない場面が増えてきているということです。そこでは、各人が自分の頭で目標や損得を考えて自律的に行動することが、これまで以上に求められているように思います。

なぜ、学校に「契約・交渉」の授業がないのか

ここまで書いてきて、「なぜ高校や大学の教養課程には契約の授業がないのだろう」、ふとそんなことを考えました。

高額のビジネス契約から物の購入、ツアー旅行への参加、さまざまな入会規約や利用規約……。我われの誰もが、契約に取り囲まれた日常を送っています。就職や入学だって、会社や学校との「契約」です。しかし従来、私たちの大半は、十数年にわたる教育課程の中で、ほとんど一度も「契約書の読みかた」「交渉のしかた」を学びませんでした。

コンテンツ産業などの分野では、日本には対等な国際交渉のためのノウハウはまだまだ不足しており、一部担当者が孤軍奮闘を強いられている場面を、よく見かけます。政府が公表した「知的財産推進計画２０１１」には、国際的に活躍できるクリエイターやプロデューサーの育成が掲げられています。であれば、国際契約のノウハウの普及や契約専門家の育成は鍵になるでしょう。

ビジネスの現場だけではありません。ネットの例をあげたように、いわゆるグローバル化の中で、契約こそが法律がわりになる場面が今後ますます増えます。日本の社会は、こ

の問題にいま以上に関心を持って、ユーザーや企業をサポートするしくみを、考えるべきかもしれません。現在、法曹界とも協力しながら教育現場で取り組みが進む「法教育」には、この点からも大いに期待したいと思います。

素晴らしいコンテンツや技術、あるいは我われひとりひとりの自由や独立。情報化・多様化する社会の中でそうした大切なものを守り、生かすために、日本人はもっと契約を知り、上手につきあうことを学ぶ必要があるのではないでしょうか。

次章からは、約九〇ページに凝縮して、契約の基礎的な知識を皆さんと一緒にまなびます。

全体像をつかむため、時に荒っぽく細部は省略しますので、どうぞご了承のほどを。

第三章　契約とは何か

ビジネスや社会を動かすさまざまな契約

「契約」とはなんでしょうか。それは、いってみれば「約束」です。それも、単なる約束ではありません。たとえば、友達どうしで別れぎわに「電話するねー」というのは約束かもしれませんが、おそらく契約ではありません。

契約とは、「個人間の、お互いの権利・義務に関する約束」をいいます。もっとカタい言葉でいえば、「個人間の約束の中でも、その強制（履行）に国家が協力するもの」をいいます。つまり、「法的拘束力のある約束」。

約束の中でも、いざとなれば裁判所などの国家の力を借りてでも強制的に相手に守らせることができるような、明確な、固い約束のことをいうのです。この「明確」という言葉は大切でまた登場しますから、どうぞおぼえておいてください。

先ほどの「電話するねー」は、いつ電話するのかハッキリしない。今晩かもしれないし、二週間後かもしれない。あいまいです。こうあいまいでは第三者は手を貸しようがないし、それ以前に第三者が手を貸して強制すべき事柄にも見えない。ですから、おそらくこれは契約ではないのです。

逆にいえば、明確で手の貸しようがありそうな約束はほぼ全て契約ですから、契約は私たちの周囲に無数にあります（図表5　さまざまなタイプの契約）。

たとえば、マンションを借りたり、あるいは家を購入する時にも契約をかわします。保険をかける時にも契約をかわします。それだけではない。契約という言葉で意識していない、多くの人と人との関わりが、実は契約です。学校に入学するのも、会社に就職するのも契約です。婚約も契約なら結婚式場の予約も契約、お葬式にお花を出すのも、お墓を建てる発注も契約です。

皆さんが会社員だとしたら、ご自分が半生を費やすかもしれない会社との「契約内容」を、入社前にどのくらいご存知でしたか？

家に限らず、自動車、洋服、本、食品を買うのも契約です。お店に入って食事を注文するのも、屋台でタイヤキを買うのも契約です。尻尾までアンコが詰まっていると宣伝しておいて、実は全然入っていなかったら契約違反です（たぶん）。

図表5　さまざまなタイプの契約

売買契約：不動産や各種物品の売買のように、一方が財産を移転し他方が代金を支払う契約
消費貸借契約：銀行その他からのローンのように、金銭その他の物を借り入れる契約
保証契約：借入などで、他人が債務を弁済できない時に保証人が代わって弁済する契約
賃貸借契約：不動産や各種物品の有料でのレンタル契約
雇用契約：社員やいわゆるパートタイマーなどの雇い入れの契約
請負契約：建設、製品・作品の製造・制作、運送のように、報酬を受けて仕事の完成を約束する契約
委任契約：不動産売買の仲介や広告取次、弁護士・会計士など、広く他人に事務を委託する契約
寄託契約：トランクルームなど物の保管のための契約（銀行預金もその一種）
信託契約：財産管理など、人の財産の譲渡を受けて他者（受益者）のために管理・運用する契約
組合契約：建設共同企業体（JV）やマンション管理組合、サークルのように、団体を作ったり共同の事業を営むための契約
和解契約：お互いに譲歩して紛争をやめるための契約
商事関係の契約：会社の営業を他社に譲渡する契約や、他社との合併契約など
ライセンス契約：著作権・商標権・特許権などの知的財産権に基づき、他人にその利用を許可する契約
親族・相続関係の契約：婚姻、協議による離婚、遺産分割協議など

切符を買って電車に乗るのも、タクシーに乗るのも、サッカーや芝居のチケットを買うのも契約です。本書でも何度か登場しましたが、ウェブメールでもツイッターでも、そうしたネットサービスを利用するためにアカウントを作りますね。あれも契約です。みんなで合唱のサークルを作るのもお互いの契約なら、合唱コンクールにエントリーするのも契約です。

実に、我われの生活には契約が満ちあふれているのです。

口約束も契約？　「契約自由」という原則

契約は口頭や暗黙の了承でも成立するのか

前項のように書くと、ちょっと違和感を感じる方もいるかもしれません。なぜならば、今あげた多くのケースでは、契約書なんてかわさないからです。

契約とは、契約「書」のことではないのか。果たして、契約書をかわさなくても、口頭で何か約束しても契約なのか？

かつて、「ディズニー・ワールド・オン・アイス」事件という、事件名だけだと楽しそうな、契約をめぐる裁判がありました。この事件では、契約書面はあったのです。ありましたが、作っただけで署名や捺印には至らなかった。通常、未署名・未捺印の場合、契約書があるとは言いませんので、このケースでは要するに「契約書」はなかった。皆さん、そんな状態で契約があったと言えると思いますか。

裁判所は「契約があった」と認めました。その認定によると、当事者はお互いに記名捺印寸前の書面を確認して、「これで結構です」と確認していた。つまり約束したまま、記名捺印しないでおいたのですね。現場の感覚では、これは微妙なケースかもしれません。しかし、裁判所はこのケースでは明確な合意はあったので契約は成立していたと認めました。口頭でも契約は成立したと認めたわけです。

このように、口約束は立派な契約です。（時々、建設工事請負契約のように「書面にしなければいけない」と法律で決められているケースもあります。）

口約束どころか、電車の切符を買うときには、今はほとんど自販機ですから誰とも話さない。お金を入れて切符を取るだけです。いや自販機どころか「スイカ」のようなＩＣカードで自動改札機にタッチするだけで、今では電車に乗れてしまいますね。

しかし、切符を購入する人やタッチして入場する人と、鉄道会社との間にはたしかに約束があるのです。（関東圏以外の方は「スイカ」ではわからないかもしれません。たしか

ＪＲ西日本は「イコカ」、ＪＲ九州は「スゴカ」です。……「スゴか」。文化圏の違いを感じざるを得ません。）

ＩＣカードでいえば、自動改札機にタッチした時点で「規定の運賃をこのＩＣカードから差し引いて構いませんから、電車に乗せて下さいね」「はい、わかりました」という契約が成立していると考えられています。たとえ、鉄道会社の社員が、いつ誰が入場したのかその瞬間には把握していなくても、契約は成立しています。

このように、暗黙の了承でも、明確な合意があれば原則として契約は成立します。

契約と法律はどう違うのか

さて、契約と法律とはよく並べて語られますが、両者はどんな関係にあるのでしょうか？

「法律は国が決めるもの」。その通りです。国が国会で決めるルールが法律です。ちなみに、法律に基づいて内閣が決める準則が政令、各大臣が決めるのが府省令、更に地方自治体が決めるのが条例ですね。こうしたルールを総称して「法令」といいます。

「法令」は、いわば万人に適用されるルールです。

たとえば、道を歩いていて自動車にはねられたとしましょう。この場合、ドライバーに落ち度があれば、はねられた人はドライバーに対して「損害賠償」を求めることができます。つまり、「事故で負った怪我の治療費や、それで仕事を休んだことによる損害分を補償してください」と請求することができる。

その根拠は「不法行為」といって、落ち度によって人に損害を与えた場合、損害を受けた人は賠償金の請求ができる、と民法という法律に書いてあるのですね。仮に相手が素直に払わない時には、裁判所の力を借りてでも、強制的に適正な賠償額を取り立てることができます。

こういう風に、いよいよとなったら強制的に相手にいうことを聞かせられることをよく「法的な権利がある」といいます。逆に、いよいよとなったら強制的に従わせられてしまう状態を「法的に義務がある」といいます。法令は、つまりはこうした権利と義務について、万人に適用されるルールなのですね。個人間での権利と義務のことを、難しい言葉で「債権」「債務」ともいいます。

日本で自動車事故が起きれば、当事者には当然に損害賠償についての権利や義務が生まれます（図表6　法令は万人に適用される）。

図表6　法令は万人に適用される

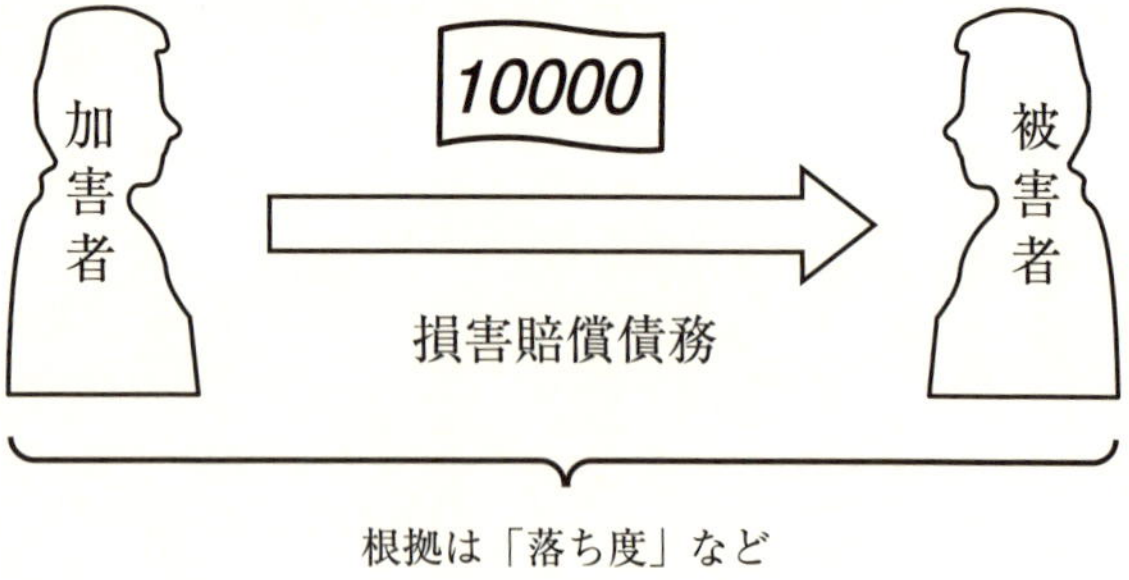

図表7　契約は約束した個人間で適用される

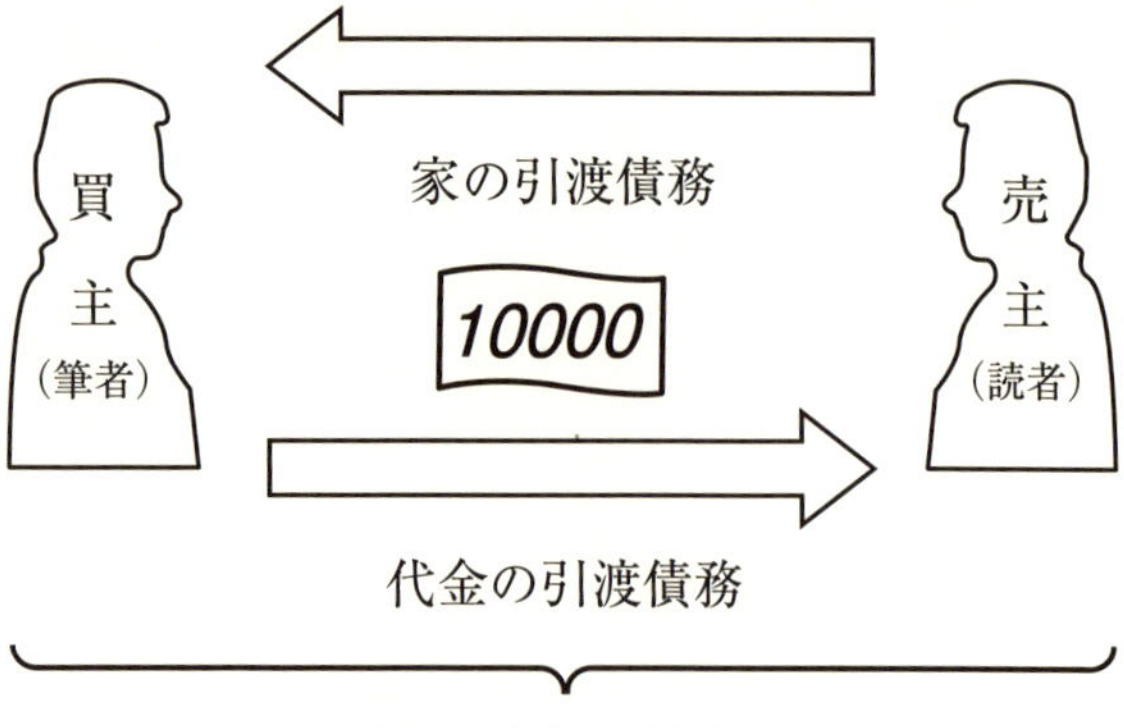
根拠は自由な「合意」

では契約とは何なのか。契約は万人に適用されるルールではありません。その約束をした個人間にだけ適用されるルールなのです。

たとえば、筆者が読者のどなたかから家を買ったとしましょう。すると、筆者と読者との間には「家の売買」という契約が発生します。そしてこの契約に従って、筆者には代金を払う義務が生まれるし、読者には家を引き渡す義務が生まれます。逆にいえば、読者には代金を受け取る権利が生まれ、筆者には家の引渡しを受ける権利が生まれるのです（図表7　契約は約束した個人間で適用される）。

単なる紳士協定ではありません。仮に読者が家を引き渡さなければ、筆者は裁判に訴えてでも家の引渡しを受けることができる。つまり、この権利や義務は「法的」なものなのです。その意味では交通事故の場合と同じですね。

ただ、合意した当事者の間でしか権利義務が生まれないところが違う。当り前ですが、筆者は合意をした読者に対してしか、家の引渡しは求められない。誰かれなしに「家を明け渡せ」といって歩くような、そんな残酷な領主みたいなことはできない。

そうした合意をするかどうかは、筆者と読者の自由です。また、どんな内容の合意をするかも原則として自由です。代金を幾らにするか、いつを引渡しの日にするか、家具をつけるのかつけないのか、当事者が自由に合意できます。

合意をすれば、その内容に従って法的な権利と義務が当事者の間に生まれる。いってみれば、契約は個人間に法律を作るのに似ています。

同じ「法的な権利」「法的な義務」でも、不法行為のように、ある条件が整えば法令に基づいて万人に生まれるものもあり、契約のように当事者がそう合意した場合にだけ生まれるものもあるのです。

このように「万人におよぶルールが法律（法令）。約束をした個人間にだけおよぶルールが契約」なのですが、さらに補足すれば、そうした契約に裏付けを与えているのも法令ではあります。もう少し、見てみましょう。

契約自由の原則

たとえば、契約で取り決めなかった約束の細かい部分は法令が補ってくれます。先ほどあげた民法などの法律には、「売買をしたときには代金は物の引渡しと同時に支払え」、といったことが記載されています。当事者が売買自体は合意したのだけれど、代金の支払時期を決めなかったときなどは、この原則によって支払時期が決まるのです。民法に限らずさまざまな法律があって、契約の種類ごとに細則の規定があります。こうした契約にかかわる法令のグループを総称して「契約法」といいます。

ただし、ほとんどのケースでは、当事者が取り決めをすればそちらが優先です。つまり、当事者は自由に契約を結べるだけでなく、契約で何を取り決めるかも自由です。これを、「契約自由の原則」とか「私的自治」といいます。

これは筆者の先輩にあたる弁護士の内藤篤さんも著書の中で書いておられましたが、現場で仕事をしていると、よく「契約というのは法令の通りに結ぶものなのだ」と思っている方に出会います。

しかし、それはむしろ逆です。法令に決められている原則を変えたい時にこそ、契約の出番なのです。あるいは業界の慣習を変えたい時こそ、契約でその変えたい内容をしっかり取り決めておくべきです。

そうすれば、たいていのケースでは契約の取り決め内容が優先です。

契約法の中にも例外的に、個別の契約より優先する規定というものがあります。「強行法規」といって、それと異なる契約の定めをしても無効になってしまうのです。たとえば、労働基準法の規定とか借地借家法の規定のように、「弱者」（労働者や借地・借家人）を守るための法令には、こうした強行法規が多くあります（図表8　契約に影響を与える法律）。

図表8　契約に影響を与える法律

強行法規を含む法律の代表例
借地借家法
労働基準法
消費者契約法
下請法
特定商取引法
利息制限法　など

強行法規＞契約＞一般の法令（任意法規）

そうでないと、いくら労働基準法で労働時間の上限を決めたり賃金についての規定をおいても、強い立場の会社は労働者と契約を結ぶ際に、労働基準法の規定を下回る取り決めをできてしまうからです。

しかし、こうした強行法規はむしろ例外で、たいていの契約法の規定は「任意法規」といって、契約で別な定めをすれば契約が優先です。

当事者が自由な意思で約束した内容は、その当事者の間では拘束力のある「法律」になる。「契約自由の原則」は、我われの社会のかなり根幹的なルールです。

契約を守らないとどうなるか

さて、契約を守らないとどうなるのでしょうか。相手が契約を守らないときに、皆さんはどんなことができるのでしょうか。三つの効果を覚えておいてください。

効果①：履行の強制

第一は「履行の強制」です。すでに書いたように、契約を結べば法的な権利・義務が生まれますから、いよいよとなったら国家の力を借りてでも契約を守らせることができます。たとえば、筆者が読者から家を買ったのに、その後で家が惜しくなった読者がなかなか引き渡さないとしましょう。筆者は、裁判所の力を借りて強制的にでも家の明け渡しを求めることができます。これを「強制執行」といいます。つまり、契約を守らないとどうなるかではなく、「契約は守られなければならない」のです。これが、市民社会の基本原則です。

別な角度からいえば、契約は基本的に白紙撤回できません。

といいつつ、筆者はこの「白紙撤回」をしたことがあります。今から数年前でしょうか、任天堂のゲーム「Ｗｉｉ」が大変はやった時に、筆者の娘たちもご多分にもれず欲しがった。その年になるまで彼女たちはゲーム機を持ったことがなかったので、そんなに欲しいならと買ってもいいだろう、と筆者夫婦は考えました。そこで、「ではお年玉で買ってもよろしい」と、威厳をもって言い渡したのでした。実際は筆者もやってみたかったのです。

ところが、そのころWiiは大人気でしたから、お店では品切れです。なんとか入手できないか四方八方に声をかけた末、結局、ネットオークションで手に入れました。落札したのです。ちょっと定価より高かった。

ところが、間の悪いときというのは重なるものです。というか、四方に声をかけたから当然なのですが、ちょうど落札したその日に知人から電話がかかって来て、「Wii手に入ったよ！」と言われたのです。

「……それは良かった。どうもありがとう」という筆者の声が、暗く沈んでいたことは言うまでもありません。世間ではWii入手に血眼になっているとき、我が家にはなぜか二台。この状況をなんというのでしょう。ウィーかぶり？

もちろん、余ったWiiをネットオークションに出して、少し高く売るという選択肢もありましたが、筆者はとりあえずWiiを落札した相手にメールを書きました。「しかじかの理由でウィーかぶってしまったので、申し訳ありませんがキャンセルさせて下さい」と。

ネットオークションでは、特別な事情がなければ「オークション終了時点で売買契約が成立した」と考えるべきでしょうから、これは本来できません。相手の方も、まあ不承不承といったところでしょうが、結論としてはすぐにキャンセルに応じて貰えました。良い人ですね。読者の中に、もしもあの時の相手の方がいらしたらどうもありがとうございました。

皆さん、そんな人間の書いた契約の本など買ってしまって、さぞ後悔されているかもしれませんが、もう手遅れですから先に進みましょう。

Ｗｉｉの件は、相手が合意してくれたから解約できたのであって、「合意解約」といいます。合意解約は、およそどんな契約でもできます。合意がなければ、本来一方的な解約はできません。仮に「だめだ、代金を払え」と言われれば、筆者は逃れられなかったのです。

無論、相手が筆者の住所を知らず金額も小さいのをいいことに、事実上逃げてしまえばできたかもしれません。ひょっとすると、そういうことをしている人は意外と多いのかもしれませんが、これは「契約の実効性」という別の話。

効果②：損害賠償

契約に違反した場合の効果その二は、損害賠償です。以前、交通事故などの「不法行為」の場合に損害賠償を請求できると書きましたが、契約違反の場合にも損害賠償は請求できます。

たとえば、先ほどの例で読者が惜しくなって売った家を引き渡さない。筆者は「渡せ渡せ」といっている間、住むところがないのでホテル住まいをしたとしましょう。すると、このホテルの宿泊費は家の引渡しを受けていれば発生しなかった出費であって、いわば筆者の損害です。結局三ヶ月ホテル住まいを余儀なくされて、一〇〇万円の支出になったとする。

おそらく、筆者はこの一〇〇万円を損害賠償として読者に請求することができます。読者が任意に支払わなければ、裁判に訴えてでも取り立てることができます。

（なお、契約に限らず、広く相手が義務（債務）を果たさない場合を「債務不履行」といいます。お話しした①「履行の強制」と②「損害賠償」は、契約だけでなく債務不履行の場合全般にこちらがとれる手段です。）

この損害賠償ですが、思いつきの金額を請求することはできません。あくまでも、契約違反によって生まれた筆者の「実損害」しか請求できません。どこまでを「実損害」というかは民法では長い議論がありますが、本書ではやめておきましょう。

よく契約違反をされた方から、相手に「慰謝料」を求めたいとか、「ペナルティ」として実損害より高い金額を請求したいという相談を受けますが、日本の法律ではこうした要求はおそらくできません。それどころか、契約違反のケースでは、損害賠償を求めるために起こした裁判の弁護士費用さえ、請求できないケースが多いでしょう。「では契約違反されて苦労しても、実損害しか請求できないのでは違反され損ではないですか」と聞かれることがあります。法律の原則からすれば、そういう見方もあるのでしょう。

「契約違反罪」はない

この関連で、日本では契約上の義務を果たさなかったり、損害賠償の義務を果たさないとしても、それだけで逮捕されたり刑務所に入れられることはありません。つまり、「契約違反罪」や「債務不履行罪」は、日本にはないのですね。

かつて、ネット上の掲示板「2ちゃんねる」で名誉棄損をされた方が、その掲示板上の名誉棄損を放置したとして、管理人だった「ひろゆき」（西村博之）さんを訴えたことがありました。「不法行為」による「損害賠償」の請求をしたのです。ひろゆきさんはいくつかの訴訟で敗訴して、命じられた賠償金などの合計はかなり高額にのぼるといわれましたが、彼は判決に従わず支払をしませんでした。

無論、勝訴した方は、ひろゆきさんが判決に従わなければ「差押え」といって、彼の預金などの財産から無理に賠償金を受け取ることができます。「強制執行」ですね。しかし、ひろゆきさんの財産がどこにあるかわからなければ事実上は財産を押さえることができない。先ほどあげた「実効性」がない訳です。

このとき、判決に従って支払う意思はないのか、と問われたひろゆきさんは、「支払わなければ死刑になるのなら支払うが、支払わなくてもどうということはないので支払わない」と答えたと報道されています。

なるほど、現在の制度上はたしかに債務不履行罪はないので、単に借金などを支払わなかったというだけで刑務所に行くことはありません。

かつて「債務者監獄」はあった

ところで、こうした債務不履行罪、国によっては存在しています。たとえばかつてのイギリスでは、「債務者監獄」という、借金を返せない人などを入れておく〝刑務所〟が存在していました。借金を返すまで出られないのです。

一九世紀の文豪ディケンズの代表作『デヴィッド・コッパーフィールド』には、いつも借金まみれのミコーバー氏という人物が登場します。このミコーバー氏、実に愛すべき魅力的な人物で、始終この「債務者監獄」に入れられています。刑務所に入れられたら収入がありませんから、ますます借金を返せないのではないかと思うのですが、今の刑務所とはちょっと違うイメージの場所だったようです。小説の中では、家族ともども入って一緒に暮らし、外出もできるのですね。ですから、刑務所というよりは、借金を返せない人が強制的に入居させられる、共同住宅のようなイメージだったのかもしれません。

さて、先ほど契約違反（債務不履行）をされた場合でも、相手に請求できるのは実損害だけであって、「慰謝料」や「ペナルティ」は請求できない、と書きました。これは、あくまでも法律の原則の話です。つまり、「契約違反の場合にどうするか」という取り決めが特に契約の中にない場合に、法律の原則で考えるとそうなる、という話です。前述の「契約自由の原則」がありますから、契約違反の場合にどうするかを取り決めることも自由です。

たとえば、契約違反の場合には、ペナルティとして一定の金額を実損害に上乗せして払うとか（「違約罰」といいます）、あるいは損害賠償の金額をあらかじめ決めておく（「損害賠償額の予定」といいます）、といった取り決めもある程度までは有効です。

損害賠償は、なかなか奥が深い分野なのです。

効果③：解除

契約違反の場合の最後の効果、それは解除です。①と②は債務不履行の場合全般にとれる手段だと書きましたが、この解除だけは契約に限った手段です。たとえば家を売った読者が家を引き渡さない。買った筆者は「渡せ渡せ」といって明け渡しの強制執行をうつこともできますが、そうではなく、「じゃあもう契約は破棄だ！」ということもできます。

なぜ破棄するのか。そんな相手にこれ以上つき合ったり、わざわざ強制執行をする手間よりも、ほかの家を探したいからです。

違反されたからといって、契約は自動的には消えません。ということは、筆者の方の「代金の支払義務」も残っていることになります。一応、相手が家を引き渡さないかぎりはこちらも支払を拒めるのが原則ですが（「同時履行の抗弁」といいます）、たとえば半年後に読者の気が変わって家を引き渡してきたら、筆者は代金を払わなければいけません。それでは、安心してほかの家を探してそちらを買うことができませんね。そこで、契約を守ってくれないような相手との関係はもう切ってしまって、契約がなかった状態に戻すのです。これを「解除」といいます。

契約違反による解除の場合、原則としては「履行の催告」をしなければいけません。これは、「家を引渡してくれ」と一度ちゃんと要求することを言います。ちゃんと要求して相当な期間は待って、それでも相手が履行をしなければ、そこではじめて契約を解除できるのが原則です。

契約は解除されると最初からなかったのと同じになります。仮に、解除の時点ですでに契約を一部実行していたとしましょう。たとえば読者は家は渡さないが、駐車場だけは筆者に引き渡していた（で、筆者は家に入れないのでそこにテントを張って寝ていた）。契約が解除された以上、当然にこの駐車場は返します。「原状回復」といいます。

もっとも、以上はやはり法律の原則の話です。契約はあるけれど、解除のルールについては特に取り決めをしていなかった場合の話です。くどいようですが「契約自由の原則」がありますから、解除について別な取り決めをするのも自由です（後述）。

なお、同じ「原状回復」という用語でも、たとえばマンションの賃貸借の場合は少し意味が違います。筆者はマンションを借りて住んでいたが、家賃をさっぱり払わないので家主から契約を解除された。解除されるまでに、筆者は一年間マンションに住んでいたとしましょう。「住んでいた」という事実は白紙には戻せません。この場合、「原状回復」とはマンションを最初に借りた時の状態に戻すことなどをいうのであって、過去住んでいたという事実は原状回復不可能です。

ですから、こうした継続的な関係の契約は、解除といってもそこから将来に向けて解除するのですね。将来に向けての解除を特に「解約」と呼ぶことがあります。「解約」は色々な意味で使われる言葉で、契約不履行によって契約をやめることを「解除」、お互いの合意で契約をやめることを「解約」と呼ぶ例もあるようですが、あまり厳密に考える必要はないでしょう。(別に不払いを理由に売買を解消することを「解約」と呼んでも良いし、賃貸借を「合意解除した」といっても間違いとは言えません。)

書面化のメリットとデメリット

「契約とは、契約書のことではない。口頭でも暗黙の了承でも契約は成立する」と書きました。それでは、なぜ私たちはわざわざ契約「書」を作るのでしょうか。目的をきちんと踏まえないと、良い契約書も作れませんね。

契約書のメリット(目的)

契約書の役割・契約書を作るメリットには、次のようなものが考えられます。

①後日の証拠
②背中を押す・腹をくくる
③手続上の必要
④意識のズレ・見落とし・甘い期待の排除

①後日の証拠

まず、「後日の証拠」として契約書を作る。これはたしかにあるでしょう。口頭でも契約は成立しますが、口頭の合意は立証という点で弱点がある。つまり、「言った言わない」になりやすいのです。裁判になって、「口頭でこういう合意が成立していた」と証明するのは簡単ではありません。裁判で認められなければ、神様の目にはいざ知らず、この地上では契約はなかったことになってしまいます。いや、それ以前に、「言った言わない」の争いになった場合に、いちいち契約の内容を証明するために裁判を起こすとすれば大変です。

その点、書面として契約を残しておけば、一目瞭然ですから無駄な時間がかからない。

と、こういうお話をすると、「では私たちには信頼関係があるから契約書は不要です」「うちは信頼できる方としかビジネスはしないので口頭で十分」といった返事をいただくことがよくあります。

川島教授も前述の『日本人の法意識』の中で、「日本では約束そのものより、そういう約束をする親切友情がむしろ大切」という服部四郎東大教授の観察を引きながら、しばしば契約の成立じたいが曖昧で、その点を確かめたり「証文」の類を求めることは相手に対する不信の念と受けとられる日本社会の特徴を指摘しています。「信頼と契約」は、この国で契約を語る上で避けて通ることのできない奥深い問題ですね。

「信頼できる相手とビジネスをする」ことは、一般論としてとても大切です。ただ、これは契約書をかわさない理由には必ずしもなりません。

なぜか。人間の記憶は動くからです。

弁護士という仕事をしていると、同じことを見聞きしているのに、時間の経過と共にお互いの記憶が大きく食い違う場面に遭遇する経験は、全く珍しくありません。人間とは業の深い生き物で、たいていは自分に都合の良い方向にずれて行きます。特にその記憶に自分の損得がかかっている場合、ずれに加速がかかります。

たまに、だんだん自分に不利な方に記憶がずれて行くという難儀な性格の方がいます。筆者はおそらく、このタイプです。友だちと昔の話をしていて、「あの時福井さんはこう言った」といわれると、「そんなこと言うはずないんだけどな」と思いつつも、だんだん説得されて、次に会うときには自分はそう言ったのだと信じています。（もっとも、もとの記憶がすでに自分に都合良く脚色されていたのかもしれませんが。）


犯罪の目撃証言などをめぐる心理学者達の研究は、人間の認識や記憶はもろく、さまざまな理由から失われ、事後的な事情によって書き換えられていくことを示しています。目撃証言に限らなくても、そうした経験は日常誰しもしていることではないでしょうか。

認知心理学の世界的権威であるエリザベス・ロフタスは、多くの衝撃的な心理実験の結果を発表していますが、その中に有名な「ショッピングモールの実験」と言われるものがあります。まず、実験の協力者を数十名募り、あらかじめその家族に彼ら彼女らの幼い頃の事件をいくつか教えて貰います。そこから四つの事件を選んで概要を被験者に教え、事件の細部で思い出すことはないか、聞くのですが、実はこの時に架空の出来事をひとつ混ぜておくのです。

つまり、三つは被験者が幼い時に本当に起きた事件ですが、ひとつは全くの虚構なのですね。架空の事件とは、「被験者が五歳の時にショッピングモールで家族とはぐれ、老人に助けて貰った」というものです（それと似たような事件はなかったと家族に確かめ済み）。

するとと、面接を繰り返すうち、被験者のうちの二五から三〇パーセントの人々は、その架空の「ショッピングモール事件」をかなり細部にわたって「思い出し」はじめたのです。実験に先がけておこなわれた予備テストでは、同じように記憶を植えつけられたある者は迷子になった店を思い出し、ある者は自分を保護してくれた老人の着ていたシャツを覚えていた、といいます。このように、実際には経験していないことでも、二五パーセント以上の人がちょっとした誘導で記憶を植え付けられ、その詳細まで「思い出した」ことになります。

別な実験では、突然の暴行事件を目撃した証人たちに暴行の時間や犯人の背格好を証言して貰うと、平均して実際よりも暴行の時間はかなり長く、犯人の体重は過大に証言されたことが報告されています。更に、多くの研究で、自分の記憶が正しいと思っている確信の度あいと、実際の記憶の正確さが必ずしも対応してはいないことも明らかになっているといわれます。

契約についても同じです。約束の内容については、そもそも最初からお互いの認識は微妙にずれている可能性があります。仮に、その瞬間にはさほどずれていなくても、時間の経過と共に（どちらもさして悪意でなくても）徐々にずれが広がっていく可能性は大いにあるのです。すると、お互いに「信頼していたのに、なぜあんなに態度を変えるのか」ということになります。それがきっかけになって、不信感が次第に広がって行きかねません。

信頼関係があるから契約書が不要なのではなく、契約書がないことで不信感が広がる可能性もあるのです。

言いかえれば、契約書は時に悪人を作らないためにも役立ちます。約束内容についてお互いの認識がずれはじめた時、契約書を取り出してみて、そこに問題の点がはっきり書いてあれば（実際にはこれが難関ですが）、記憶が補正されます。つまり、それ以上ずれて行きません。

このように、契約書で後日の証拠を残すことは、信頼関係を壊さないためにも役立つことがあるでしょう。

②背中を押す・腹をくくる

契約書の役割・メリットのその二は、「背中を押す・腹をくくる」ことです。これはどういう意味でしょうか。

ビジネスというものは、ある時突然ゼロから合意に至るわけではありません。だんだん合意に近付いて行くものですね。

最初はしばしば「たられば」の話です。お酒の席も多いかもしれません。「何かやりましょうよ、一緒に」「いや、やりましょう」なんて、何をやるかは良くわからないのだけれど、そういう話をして盛り上がっている。ところがこんな所から、意外にプロジェクトは立ちあがります。

一方がビジネスを持ちかけ、他方が「基本的に前向きです」なんて抽象的な返事を返すあたりからはじまって、やりとりを重ねるうちに段々具体化していくケースは多いでしょう。

何かを特定せずに「やりましょう!!」とか、「基本的に前向きです」といっている段階ではまだ確定的な合意じゃないのは、誰でもわかりますね。しかし、そこからだんだん具体化していって、やがて確定的な合意になる。これが契約の成立する時なのですが、問題はこの「確定」の時期について双方の理解がしばしばずれることです。

一方の当事者Aは、もう確定的な合意に達したと思っている。だから、契約が成立したという前提で、何か取り返しのつかないことをする。それが製品の売買契約だったら、注文があったと思って工場に大量の発注をかけるとか、イベントの合意だったら、高いキャンセル料のかかる会場を押さえてしまうとかです。

ところが、他方の当事者Bは、前向きだけれどまだ確定だとまでは思っていない。その矢先にちょうど、何か社内の事情が変わるような出来事があって、プロジェクトをできなくなる。Bは先のAに連絡をして、「あれ出来なくなりました。スミマセン」という。Aはもう帰らざる河を渡っているのです。「冗談じゃない。契約違反じゃないですか」となる。Bは「えっ、いやまだ契約なんてしてないでしょう」という。

ある意味、典型的なやり取りです。この仕事をしていると、契約を巡る争いのかなりの部分は「契約があったかなかったか」という争いだということがわかります。

契約書があれば、こうしたズレの問題を解消することができます。Aは、工場に発注をかけたり会場を押さえる前に、Bに「ではそろそろ契約書をかわしましょうか」といえばよい。そこでBが「では私、文案を作りますよ」といえば、おそらくBは本気です。

日本人の契約についての意識の話はしましたが、それでも大多数の人には、契約書に捺印すれば簡単にはやめられない位の意識はあります。契約書をかわすということは、Bも本気だと考えて良い。つまり、一緒に河を渡ることができる。確定的な合意にどこで至ったか、一目瞭然にできるのです。

他方、Bが「じゃあちょっと上司に話を通すから待って下さい」なんて答えるならば、Aもまだ工場に発注はかけない方が良いということになる。つまり、まだBは一緒に河を渡る準備は出来ていないのです。

現実のビジネスでも、「ここから後戻りはなしだよ」ということをお互いに確認するために、契約書をかわす例は多いでしょう。

③手続上の必要

「手続」として契約書が必要になることもあります。

つまり、「わが社は契約書がないとお金が払えないんですよ」とか、「契約書を提出して貰わないと補助金は出せません」「ビザがおりません」という理由で契約書が必要になるケースです。

それはもちろん、大いに結構です。ただ問題は、単に手続のために契約書が必要だと思っていると、当事者は内容に無頓着になりがちなのですね。「とにかく明日までに必要だから、内容はなんでもいいから作ってください」といった発言をもれ聞くことも、少なくありません。

内容に関心がないから、過去に結んだ、似たような契約書を取り出して来て、よく読みもせずに、当事者名と日付と金額だけさっと直してかわしてしまう。

言うまでもなく、これはダメです。

たしかにその時点ではお互いに単なる形式でかわす契約書だと思っているでしょう。でも、たとえば一年、二年経って何か問題が起きたとき、ものをいうのはその契約書です。「内容はなんでもいいから」といった担当者は、もうそんなことは覚えていないかもしれない。そもそも、もう会社にいないかもしれない。

その時みんながとりだして読むのは、単なる形式だと思ってかわした契約書なのです。恐る恐る中を読んでみて、自分にひどく不利なことが書いてあるだけでも十分に辛いのですが、しかも実態と違うその契約書を用意したのが自分だったとしたら、さぞ辛さも倍増することでしょう。

手続で契約書をかわすとしても、内容の重要性は少しも減らないのです。

④意識のズレ・見落とし・甘い期待の排除

最後に、おそらく契約書のもっとも積極的・現代的な存在理由。それは交渉もれのポイントがないかというチェックリストとしての機能です。

口頭で合意をする際には大事なことは全て話し合ったつもりになっていても、実際には結構話し合っていない見落としがあるものです。

たとえば、長く交渉して契約の金額でやっと妥結できても、支払時期を話し合っていないこともあります。一方はどうしても対価を前払いして貰わないとプロジェクトが実行できないが、他方はどうしても後払いしかできないかもしれません。であれば、金額で折り合えても最終的には合意できない両者だったことになりますね。

そうしたビジネスの重要ポイントが書いてある契約書をお互いに確認してかわすことで、いわば契約書がビジネスのチェックリストになることがあります。

欧米、特に米国の契約書は一般的に長いので有名です。これは、双方の当事者が少しでも自分に有利にしようとして色々な規定を持ち込むためでもあり、また「判例法」の国で法律が必ずしもはっきりしないぶん、契約書を詳しくしているという事情もあります。しかし同時に、ビジネスの進め方の細部まで記載しているためでもあるのです。たとえば、海外のオペラ劇場やブロードウェイ・ミュージカルの来日公演の際には、数十ページもの分厚い契約書がかわされます。その中には、支払条件や権利関係などの「契約書らしい」条文だけでなく、たとえば楽屋に揃えておくべき食事や備品、（衣裳用の）洗濯機などといった長大な規定まで含まれます。取り揃えるべきドリンク類の種類がずらっと羅列されていることなど日常茶飯事です。筆者が経験した一番すごい例では、さる大物シャンソン歌手の来日公演で、各ステージ半ダースずつ楽屋に揃えるワインの銘柄と年度まで指定されていました。

これは極端な例ですが、たしかに大勢の出演者が毎ステージ汗みずくになるミュージカル公演の現場では、洗濯機・乾燥機の数や性能も決して無視できません。そのほかにも、そろえなければいけない機材や現地スタッフ、旅程、ホテルや部屋のグレードから、宣伝用デザインを事前に相手国に送って承認を得るための細かい手順に至るまで、実に細かくビジネスの進め方が書いてあります。最後の点は、無能な（笑）現地主催者のために啞然とするような宣伝広報でも展開された日には、日本という大マーケットを永遠に失うことになり兼ねないためです。

つまり、契約書はそのままビジネスのマニュアルでもある。日本にも、もちろんさまざまなビジネスのマニュアルはあります。欧米が異なるのは、それを事前に交渉・合意して契約書に入れこんでおいて、守られなければ契約違反といえる状態にしておくシビアさです。

これは大変な手間ですが、たしかに見落としや「こんなはずじゃなかった」という場面を防ぐには良い方法です。以前の海外公演で困ったことがらは次から契約書の内容として反映され、年々同じ書式が踏襲されていけば、事前に何を確認し、何を相手国に約束させておけば良いか、ノウハウをはっきりした形で残すことができます。

このように、見落としや自分の側に有利な「甘い期待」を排除するために、契約書が役に立つことも少なくありません。

契約書のデメリット

なるほど、契約書には色々なメリットがあるようです。であれば、あらゆる世の中の約束、特にビジネス上の合意は全て契約書にすれば良いのでしょうか。

いうまでもなくそれは無理ですし、おそらく望ましくさえありません。次は、契約書をかわすことのデメリットを考えてみましょう。

最大のデメリットは「手間」です。契約書を作るのは手間がかかるのです。特に慣れていない方は簡単な契約書を作ったり、それを読んだりするだけでもかなり時間がかかるでしょう。世の中に契約のタイプは数多くありますから、あるタイプの契約書に慣れても、別なタイプの契約書に出会えばまた手間がかかります。

慣れていたって、ごく定型的なものを何も考えずに作るならともかく、ビジネスの事情を反映して過不足のないものを作ろうと思えば、十分に手間です。英米に比べて、平均すれば決して長くはない今の日本の契約書でもそうですから、先ほど述べたような、ビジネスのチェックリストになる契約書を志向して行くなら、余計に時間がかかるでしょう。

もちろん、「いやいや、契約書なしで始めて何か出て来るたびに電話やメールで相談（喧嘩）なんてことを繰り返すより、しっかりした契約書を作っておく方が、結局時間の節約になる」という意見にも、一理も二理もあります。ですから最終的に時間のロスだったのか時間の節約になったのかは一概には言えません。が、短期的には契約書をしっかり作れば作業時間が増えるのは事実でしょう。

単なる時間だけではありません。契約書に慣れていない個人や会社が、弁護士などに相談して、契約書を作って貰ったりチェックして貰えば、それだけ費用がかかります。
更には、契約書の長所は「いざという時の対処法」を事前に決めておく点にありますが、それはつまり「起こらないかもしれない事態を事前に協議する」ことを意味します。たとえば、映画会社と俳優が次のような交渉をしている姿を思い浮かべてください。

映画会社「もしも台風でこの映画の撮影が遅延したら、その分出演の日程を延ばしてください」
俳優事務所「いや、そんな約束をしたら、予備日程にほかの仕事を入れられなくなるから嫌です」
映画会社「いやいや、うちだってそちら一人の都合がつかないために撮影延長ができなかったら大損です」
俳優事務所「じゃあそのときはシナリオを書き直して、台風のシーンにして撮影しましょうよ！」
監督「ちょっと待て！」

起こらない可能性が高い「台風延期」のために、結構話し合いが増えてしまいますね。

事前に契約書に記載するのはあきらめて、何か起こった時にその都度考えることにしておけば、こんな時間はかけなくてすむかもしれない。

加えていえば、こうした話をお互いに真剣にすれば、それなりに緊張感が漂いますし関係が悪化することもあります。「万一の事態」のために今から関係がギクシャクするというのも、無駄といえば無駄ですね。

これは要するに、全部「コスト」という事ができるでしょう。時間もコスト、お金もコスト、少し犠牲になる人間関係もコスト、という訳です。

このように契約書の作成には各種のコストがかかります。このコストを、契約書を作成する各種のメリット（ベネフィット。「便益」なんていいますね）が上回る場合ならば、つまり「ベネフィット＞コスト」ならば、契約書を作成すべき場合ということになります。逆に、契約書作成のコストが契約書のメリットを上回ってしまっている場合なら、必ずしも契約書を作成すべき場合とはいえない事になるでしょう。

コストとメリットは、ひとが活動する限りつきまとう判断ですが、契約書も同じです。

本書の最後で、もう一度お話ししましょう。

第四章　契約書入門

「契約書」「協定書」「覚書」はどう違うのか

ここからは、いよいよ契約書の基礎的な知識をご紹介しましょう。
まず、契約書には、どのようなタイトルを付けるべきか。

以下で説明しやすいように、契約書のサンプルをひとつ出しましょう。（別紙　契約書サンプル）この新書の出版をするための、筆者と文藝春秋との間の契約書です。といってもダミーです。実物をお出ししても筆者の方は別にいいのですが、ちょっと細かすぎてサンプルには向かないので、説明のために無理に簡単なものを作ってみました。（いま読まなくても結構です。ただ、このサンプルの条文はあとで何度か参照しますので、そのときのためにこの頁にシオリか指をはさんでおいてください。）

別紙　契約書サンプル

出版契約書……①

著者である福井健策（以下「甲」という）と、出版社である株式会社文藝春秋（以下「乙」という）とは、「契約の教科書」と題する著作物（以下「本著作物」という）の出版その他の利用に関して、以下のとおり合意する。……②

第一条（出版の許諾）

甲は、乙に対し、本著作物を、日本を含む全世界において、印刷媒体及び電子出版による出版物として複製、公衆送信及び頒布することを独占的に許諾する。

第二条（完成原稿の引渡し）

甲は、乙に対して、本著作物の完成原稿を●年●月●日までに引き渡すものとする。

第三条（著作物利用料）

乙は、甲に対し、第一条の利用に関し、別掲のとおり発行部数の報告及び著作物利用料の支払を行う。

第四条（二次的利用）
（1）本契約の有効期間中に、本著作物が翻訳、オーディオブック、その他二次的に利用される場合、甲はその処理を乙に独占的に委任し、乙は具体的条件について甲と協議のうえ決定する。
（2）甲は、乙が本著作物の複写利用に係る権利処理について、出版者著作権管理機構に委託することを承諾する。……③
（略）
……
第一〇条（保証）
甲は、乙に対し、甲が本著作物の著作者及び著作権者であって、本契約を有効に締結する権限を有していること、並びに、本著作物が第三者の著作権その他いかなる権利をも侵害しないことを保証する。
第一一条（損害賠償）
当事者のいずれかが、その責に帰すべき事由によって本契約上の義務を履行できない場合には、他方当事者はかかる不履行によってこうむった損害の賠償を請求することができる。……④

第一二条（契約の解除）

（1）甲又は乙は、相手方が本契約の条項に違反したときは、書面によりその是正を催告し、相手方の書面受領から五営業日以内に違反が是正されない場合には本契約を解除することができる。……⑤

（2）略

第一三条（契約の有効期間）

本契約の有効期間は、末尾記載の契約日から五年間とする。ただし、本契約期間の満了の二ヶ月前までにいずれの当事者からも書面により反対の意思が通知されないかぎり、本契約は同一条件にて更に三年間更新され、以後も同様とする。……⑥

第一四条（契約内容の変更）

本契約の合意事項は、甲乙間の文書によらない限り、追加又は修正され得ない。

第一五条（権利義務の譲渡禁止）

甲及び乙は、本契約上の地位又は本契約から生じる権利若しくは義務を、相手方の事前の書面による承諾なく第三者に譲渡し、又は担保に供してはならない。

第一六条（裁判管轄）

本契約に起因又は関連して紛争が生じたときは、東京地方裁判所ないし東京簡易裁判所を、第一審の専属的合意管轄裁判所とする。

以上を証するため、本契約書二通を作成し、各自記名押印のうえ、各一通を保有するものとする。

●●年●月●日

甲（著作権者）
住所　●●●
福井健策　印……⑦

乙（出版社）
住所　●●●

株式会社文藝春秋
代表取締役　平　尾　隆　弘　印……⑧

まずは文書の冒頭、タイトルですね。「出版契約書」とあります（契約書サンプル―①）。契約書的な文書には、よく見ると実にさまざまなタイトルがついています。「契約書」「合意書」「協定書」「確認書」「覚書」「規約」「約款」「念書」などなど。これらの文書は、どう違うのでしょうか。どの文書にどんなタイトルを付けるべきなのでしょうか？

答え：基本的に違いはありません。タイトルはどれでも結構です。よく、契約の相手から「福井センセ、今回は契約書じゃなくて覚書で行きたいんですけど良いでしょうか？」なんて、ごく重大そうに相談されることがあります。なんと答えたら良いか、ちょっと悩む瞬間です。筆者はどちらでも良いからです。タイトルは当事者の関係を規定しないのです。本文が関係を規定するのです。

「タイトルはあなたの自由にしていいから、本文は僕の自由にさせてください」と答えたいくらいです。

とはいっても、ある程度のニュアンスというものはあります。おそらく、先ほどの契約相手は、「今回は詳しい長文ではなくて、短い簡単な文書にしましょう」と言いたかったのでしょう。覚書という言葉には、若干ですがそういう、短い簡潔な文書というニュアンスがあります。

もっとも、あくまで一般的なニュアンスという程度のことです。逆に、契約書と名乗ってビジネスの基本事項を短く取り決めて、その後で覚書と名乗って詳細を長文で取り決めることもあります。一ページの「契約書」もざらにあれば、三〇ページの「覚書」だって少しも珍しくありません。

「規約」や「約款」は、会社のような団体が取り決めて多くの個人に一律で同意させるルールによく使う言葉ですが、それだって数人の当事者の間の取り決めを「規約」と呼ぶこともあるので別に絶対ではありません。

このようにどれを使っても結構ですが、最後の「念書」はやめておいた方が良いでしょう。

何というかこの「念書」という言葉には、少し怪しい響きがあります。借りたお金を返せない人がアパートの四畳半で怖い組織の人から拇印を押させられているような、文書の中身は見たくないような、そういうムードがあります。

また、ちょっと法的効力が疑問なイメージもあります。といっても、「効力が怪しいニュアンスがある」というだけで、法的効力が認められる蓋然性は十分ありますから、「念書」というタイトルだから安心してサインする、なんてことはお勧めできません。

なお、具体的に内容を示すような言葉をタイトルに加えることも、一般的です。単なる「契約書」ではなく「売買契約書」とあれば、おそらく物の売り買いについて取り決めた契約だと想像はつきます。また、「広告出演契約」とあればおそらくタレントなどがCMに出演するための条件を取り決めたのだろうと想像はつきます。ですから、こうした具体的なタイトルは、できるだけ実態を反映したものを付けるべきことは当然です。

ただし、これまた絶対ではありません。「広告出演契約」というタイトルにしておいて、実は一般のモデル志望の方から高額の「入会金」を集めて後は何もしないような契約かもしれないのです。ですから、あくまで内容をしっかりチェックすることが大切です。

「仮契約」は存在しない

さて、世の中には「仮契約」という言葉があります。たとえば、こんな感じで使われる言葉です。

「今回は時間がないのでまずは仮契約でかわしましょう。後日、本契約をかわします」

この言葉にはご注意ください。

この「仮契約」の際には、どちらかといえば短いものをかわすことが多くなります。そこでは、取引の基本的なことがら、すでに確定したことがらだけが書かれていて、詳細なこと、まだ決まっていないことはしばしば除かれます。こうした詳細や、後日確定することがらを長文の「本契約」に記載するという寸法です。

英文契約でもあります。「ディールメモ」という言葉があり、まさに取引の基本を定める短い覚書を表します。

たとえば、フランスのカンヌ国際映画祭は、世界最大の映画祭であるばかりでなく、映画の買い付けが大規模におこなわれる「フィルムマーケット」でもあります。「買い付け」とは何かといえば、映画の権利を持っている映画会社から、一定の対価を支払ってその映画を自国の映画館で上映したり（「配給」といいます）、あるいはＤＶＤやブルーレイディスク（まとめて「ビデオグラム」といいます）にして販売する許可を得るのです。いわば、人の作品などの利用の許可を得る契約で、前に述べた「ライセンス契約」の一種です。こうした買い付けをおこなう会社を「バイヤー」などといいます。

フィルムマーケットでは、上映（スクリーニング）された新作映画について、映画会社側の人間と各国のバイヤーが、その場で即決で買い付けを決めて行きます。この時にかわされるのが、一定の書式にのっとった一枚から数ページのディールメモです。当事者はその場で決まった事項を用紙に埋めていって、その場で署名してしまうのです。そして後日、より長文の詳しい契約をかわします。

こうした英文のディールメモも日本語ではよく「仮契約」と訳されます。

「まず短いものをかわす」というしくみは大いにけっこうです。ただし気をつけるべき点が一点あります。

それは、この「仮契約」という言葉です。そんなものはないのです。

「仮契約」という用語のせいで、「内容は十分吟味せずにとりあえずかわしておいても、後でどうにでも再交渉できる。本契約の時に慎重に検討すれば良いのだ」という印象が生まれがちです。

現に、「とりあえず仮契約ですから、どうにでもなりますからサインしてください」という説得のしかたも、時おりもれ聞こえる言葉です。

たしかに、中には「どうにでもなるもの」もあります。文書を読むと明らかに法的な拘束力がない単なる紳士協定である文書も、中にはありますし、作れます。はっきりと「法的拘束力はない」と明記しているものもあります。

しかし、たいていの「仮契約」は後で拝見すると、立派に「法的拘束力」のある文書です。つまりは契約書であり、「守られなければならず」、いざとなったら裁判に訴えてでも強制執行することができる文書です。

そんなものをまずサインしておいて、後で「正式契約」のときに「ここを変えてください」とお願いしてうまく行くでしょうか。時にはうまく行くこともありますが、まず難しいでしょう。相手は、もとの「仮契約」の約束で法的効力を主張できるのです。わざわざ後退する理由がありません。仮にいつまでも「正式契約」に至らなければ「仮契約」で両者の関係は判断されることになります。このことは覚えておいてください。

その意味では、「仮契約」「本契約」などという区別は本来ありません。「短文の契約書」（「ショートフォーム」といいます）と「長文の契約書」（「ロングフォーム」といいます）があるだけだ、と思っておく方が安全でしょう。

ショートフォームとロングフォームは、どちらも大切です。仮に、どちらかだけしか弁護士にチェックして貰うことができず、どちらの段階で見て貰うか決めなければならないならば、微妙ですが筆者は「ショートフォーム」と答えるでしょう。短文でビジネスの基本のことがらを取り決めるのがショートフォームです。そこで一番大事な契約の根幹は決まるのですから、あえてどちらかについて専門家のアドバイスを受けるなら、こちらでしょう。アドバイスだって短く済みます。根幹が決まった後で、枝葉の部分について弁護士の忠告を聞いても遅い場合が多いのです。

先ほどあげたカンヌ映画祭で交わされるディールメモも、たしかに一見すると短い。しかし、時にはその中に一行、「詳細は当社の標準契約条項に従う」なんてことが書いてあります。この場合、契約の詳細は売り手の映画会社がもう長文の書式として持っていて、買い手は実はその内容を全部受け入れたことになっているのです。

こうしたものを担当者の判断でかわし、後日、長文の「ロングフォーム」が届いてから、「正式契約がきたのでチェックしてください」と依頼してこられる会社があります。

担当者は、自分がもうその長文契約に「サイン済み」だということに気づいていないのです。「長文契約の内容を受け入れる」と書いてあるショートフォームにサインすれば、それは長文契約にサインしたのと同じことですね。

こんなこともあるので、カンヌ映画祭に出品する映画会社や各国のバイヤーの中には、弁護士同伴で来ている者もいるといいます。短いディールメモをかわすときが勝負だということが、わかっているのでしょう。

当事者と第三者

タイトルの下に進んでみましょう。契約書では冒頭に、たいてい当事者の名称が書いてあります。たとえば別紙のような体裁です（契約書サンプル－②）。

当事者とはこの冒頭の「福井健策」と「文藝春秋」のことを言います。この両者が合意する、と書いてありますね。「当事者」とはつまり、その契約内容を合意した当人です。

末尾を見てください。甲と乙の署名捺印欄があります。契約書では、末尾などに署名捺印するのが原則として当事者です。

時に「代理」とか「代表」といって、当事者以外の者が当事者になり代わって署名捺印することがあります。今回も、法人である文藝春秋は署名したり印鑑を押したりできないため、現実には代表取締役の平尾隆弘社長が捺印しておりますね。が、それはあくまで「乙＝文藝春秋」のために捺印しているのであって、契約の当事者は筆者と文藝春秋です。契約書に「当事者」以外の個人や団体が登場するとき、その個人や団体を「第三者」といいます。この記載例では第四条に「出版者著作権管理機構」という団体が登場していますね（契約書サンプル—③）。しかし、管理機構は契約書には署名捺印しませんし、冒頭の「合意する」主体でもない。この場合、管理機構は明らかに第三者です。

なぜこんなことをクドクド書くかというと、「契約は当事者しか拘束しない」という大原則があるからです。

たとえば、A社とB社が交わす契約書の中に「この事業のための人の国際移動と資材の輸送はC社の協賛金をもってまかなう」と、契約当事者ではないC社が登場したとします。これは、「契約では拘束できない人」の行為が書いてあることになります。予定通り、C社が協賛金を払ってくれれば良いですが、何かの理由でC社が事業に協賛しないと決めた場合、少なくともこの契約書を根拠にしてC社に協賛金を払わせることはできません。

「何を当たり前のことを」と思われるかもしれませんが、これは契約書のかなり基本的なルールです。

契約書は第三者を拘束しない。だから、第三者の行為が契約にとって非常に重要であるならば、その第三者にも契約書に署名させて当事者になって貰うか（もちろん別な文書を作って署名して貰っても良いですが）、あるいは、「その第三者が所定の行動をとることについていずれの当事者が責任を負うのか」書いておくべきです。どちらもそんなことに責任を負いたくないならば、その第三者が所定の行動をとらなかった場合の対処を契約書の中に書いておくのでも結構でしょう。

中には、読んでいても一体誰が当事者なのかよくわからない、という驚くべき契約書もあります。日本では、実はこのパターンも少なくないのです。

ほかの箇所でも書きましたが、そもそも「契約」というのは近代市民社会を特徴づけるものですね。そこでは、「自立した個人が自由意思で合意した以上、その約束には拘束される」、逆をいえば、「自由な個人は、自分の意思で合意していない誰かの約束には拘束されない」という考え方が根底にあります。先に紹介した「私的自治」ですね。

しかし、日本社会は伝統的にいえば、こうしたルールがぴったり当てはまる社会ではなかった。そこでは、個人の自由意思が（西欧のような意味では）必ずしも前面に出てはいなかったし、人が自分の意思で合意していない地域社会の決めごとなどに拘束されるケースも、決して少なくなかったでしょう。

契約法を含む日本の法令の体系は、明治以降に西欧近代社会のモデルに乗っかって作られていますから、あくまで合意した当事者をはっきりさせて、当事者だけがその条件に拘束される、というルールで裁判上は扱われます。けれど、契約に携わる人々はそうした西欧型の考え方だけでビジネスをしている訳ではない。そのため、時には当事者が誰なのかよくわからない契約が作られて、少なくともビジネス上はそれで回っているなんてことが生じます。


少し横道にそれました。ここでは、「契約は当事者しか拘束しないのだから、拘束されるべき人々をはっきりさせて、当事者として署名捺印させる」という基本を押さえておきましょう。

甲乙丙丁……は日本スペシャル

更に契約書を読み進めてみましょう。サンプル契約書では当事者のことを「甲」「乙」と略称していますね（契約書サンプル―②）。これは日本で契約書を読んでいるとよく見かける用語です。つまり、最初に個人名でも団体名でも正式名称を書いたら、二度目からは「甲」「乙」といった略称で記載して、毎回正式名称を書く手間を省いているわけです。

こういう言い換えは当事者の名前に限らず、契約書では基本的なテクニックです。たとえば、何らかの小説作品の出版に関する契約をかわすとしましょう。椎名誠さんの『さらば国分寺書店のオババ』にしましょうか（懐かしい！）。この場合、契約書に作品が登場するたびに『さらば国分寺書店のオババ』とフルネームで書いていると大変です。

そこで、最初に登場するときに、「エッセイ『さらば国分寺書店のオババ』（以下、作品という）」などと記載して、以後は登場しても「作品」とだけ書くのです。これで手間とスペースを省略できる訳です。

映画を多くの会社で共同製作する場合のように、当事者や第三者が大勢登場するときも、「株式会社A社、株式会社B社、株式会社C社及び株式会社D社（以下総称して「出資者」という）」なんて書くと、二度目から大幅に労力を節約できます。

ぜひ、略称をうまく活用して楽をしてください。


甲乙に戻ると、三番めの関係者が登場した場合に「丙」と呼ぶのは、きっと皆さんご存知ですね。では、そのあと四番め以降はご存知でしょうか?

「甲・乙・丙・丁《てい》・戊《ぼ》・己《き》・庚《こう》・辛《しん》・壬《じん》・癸《き》」という順番で呼ぶのです。これは、干支の「十干《じっかん》」なのですね。よく、「甲寅《きのえとら》」「丙午《ひのえうま》」などと年を呼びますが、あれが干支で、前半の「甲」「丙」の部分を十干、後半の「寅」「午」は有名な十二支といいます。このように一〇番目の登場人物までは呼び名が決まっています。

一一番目が登場したら? 実は筆者も知りませんが、十二支に移って「子《ね》」「丑《うし》」……とでも行きましょうか。


さて、この甲乙丙ですが、これは日本スペシャルです。いや、正確には中国や台湾などでは使う例があるようですが、英米ではあまり使うスタイルではありません。ときどき、慣れない方が英文契約を作る際に、「John Doe（以下「A」と呼ぶ)」なんてABCで書いていらっしゃることがありますが、一般的ではありません。

英文契約書ではその代わり、もう少し具体的な略称で呼ぶのです。

たとえば作家が登場したら「John Doe（以下、作家と呼ぶ）」というスタイルですね。開発者が登場したら「以下、デベロッパーと呼ぶ」ですし、銀行なら「以下、Bankと呼ぶ」です。入力は少し手間ですが、こちらの方が略称で誰かをイメージしやすいので、間違いは少ない。

日本式の甲乙丙の場合、特に登場人物が増えると、しばしばゴッチャになります。二ページ目くらいでもうわからなくなって、何度も最初のページに戻って確認する破目になります。ちょうど、ロシア小説を読むときに登場人物の紹介に何度も戻るのに似ていますね。挙句に、書き間違えます。どちらがどちらかわからなくなって、つい甲と乙を逆にしてしまう。売買契約で「甲は乙に家屋を引き渡す」と書いた後に、次のページで「甲は乙に代金として●●万円を支払う」なんて書いてしまいます。家を売って、お金も払うという、非常に気前のいい売買契約です。

筆者も留学から帰国した当初などは一人前に西欧かぶれになり、「甲乙はいかん。これからは略称も具体的に書く」なんていって、「●●●（以下、作家という）」「●●●（以下、財団という）」という具合に書いていました。

ところが、こういう契約の作成やチェックを専門におこなう部署が会社にはあって、

「法務部」とか、以前ですと「文書課」なんて呼びましたが、相手方の担当者がこれを直してくるのですね。筆者の「作家」や「財団」を、せっせと「甲」「乙」に直して返す。

中には、相手からの契約書への修正要求はそれだけだったこともありました。言いたいことは、もうそれしかない。

筆者も最初は、「いやいやこれは『作家』でいいんです」なんて押し返していましたが、一年も経たないうちにすっかり純日本人に戻り、今では抵抗なく「甲乙丙」を使いこなしています。ときどき、甲と乙を間違えているかもしれません。

皆さんも、契約書を書かれる際にはこうした略称をどうぞ使いこなしてください。その際、慣習ですから人物・団体は甲乙丙でも構いませんが、具体的な略称を使わない場合には特に書き間違いに気をつけてください。契約条項の主語が逆さまになっては、致命的な損害につながりかねません。

及び／並びに、若しくは／又は

契約用語の基礎知識の話を続けましょう。次はどうでもいいようだけれど大切な、「接続詞」です。

サンプル契約書には、「及び」「並びに」「若しくは」「又は」といった接続詞が登場しますね。こう並べて、皆さん、違いはおわかりになりますか。

最初のふたつは「AND」と同じ意味。つまり、「A及びB」「A並びにB」ならば「AもBもどちらも」という意味です。他方、最後のふたつは「OR」と同じ意味。つまり、「A若しくはB」「A又はB」ならば「AかBかどちらか」という意味です。

たとえば、「氏名及び住所を記載して」といえば、氏名も住所もどちらも記載します。他方、「銀行振込又は現金にて支払う」といえば、銀行振込で支払うか、現金で支払うか、どちらか一方をおこなえば良いのです。

無論、時に混同して使われることもあってその辺はある程度は常識で判断しますから、「銀行振込及び現金にて」と書いてあるからといって、まさか両方で二度払えという話にはならないでしょう。「ああ、これは『又は』と言いたいんだな」と解釈して貰えるでしょう。

なお、「AとBとCとDのどれも」とか、「AとBとCとDのうちのどれか一つ」というように、三つ以上のものをつなげたい場合には、「A、B、C及びD」「A、B、C又はD」というように最後のペアにだけ接続詞を使えば、大丈夫です。

では、「及び」と「並びに」の区別は、ご存知でしょうか。これも適当に使われることが少なくありませんが、実は区別があって、小さいグループと、それを束ねた大きいグループがある時、前者の接続詞には「及び」を使い、後者の接続詞には「並びに」を使うのです。

たとえば、「氏名及び住所を記載した申請書、並びに企画名及び企画概要を記載した別紙を提出する」といったスタイルです。「氏名と住所」が申請書に書かれる情報として小グループ、「企画名と企画概要」が別紙に書かれる情報として小グループ、そしてそのふたつの用紙が大グループを作って「提出する」にかかる、という具合です。

誰がそんなことを決めたかというと、絶対のルールがある訳ではありません。ただし、法令自体はこういうルールで書かれています（内閣法制局「法令における漢字使用等について」）。よって、裁判所は契約でもおそらく同じ解釈を取るし、契約書を作るときにはそうした書き方が無難ということになります。（もっとも、必ずしも正確には使われないことも多い用法ですから、文脈上明らかに別な意味にとれる場合には、その読み方が優先されるでしょう。）

「若しくは」と「又は」の区別も同じです。小グループと大グループが組み合わさっている時には、小グループに「若しくは」を使い、大グループに「又は」を使います。

どうでもいいことのようですが、以上の書き方ひとつで大変なことにもなります。

ここで練習問題です。「甲は、キャンディーズ及びピンク・レディー、又は西城秀樹若しくは野口五郎を、当該イベントに出演させるものとする」

ワクワクするイベントですが、さてこのイベントには少なくとも何人のタレントが出演するでしょうか。


答えは一人です。この書き方ですと「キャンディーズ」と「ピンク・レディー」が「AND」でつながり、これは二グループ五人を意味します。他方、「西城秀樹」と「野口五郎」は「OR」でつながり、そのうちの一人を意味します。しかし、その「キャンディーズとピンク・レディーの五人」と「ヒデキとゴローのうちの一人」は「OR」でつながりますから、結局甲は、ヒデキとゴローのうちの一人だけを出演させても、義務を果たしたことになるのです。よって、最少構成は一人です。

いかがでしょうか？　筆者は、全員見たいと思います。（追記　本稿入稿直前に元キャンディーズ田中好子さんの訃報が飛び込んで来ました。合掌。）

このように、接続詞の使い方は契約書の「論理」を受け持つ大事な要素です。気をつけて接続詞を使うことで、「法的な考え方」の訓練にもなりますのでどうぞ日常生活でも意識してみてください。

なお、「かつ」という言葉は「及び」「並びに」とおおむね同じ意味ですね。また、「あるいは」という言葉は「若しくは」「又は」とほぼ同じ意味です。しかし、「かつ」「あるいは」は、大グループ・小グループの関係ではあまり厳密なルールがありません。ある意味融通がきく接続詞ですし、それだけに文脈上意図と違う解釈をされないように気をつけたい言葉とも言えます。

「責に帰する」と「不可抗力」

当事者の「故意・過失」

契約書（や法令）には難解な専門用語も出て来ます。たとえば、サンプル契約書にも登場する「責に帰する」（契約書サンプル—④）。

「せきにきする」とは何でしょうか。いや、その段階ですでに違います。「せめにきする」と読むのです。なかなか無茶な読み方です。

これは、その当事者に「故意」あるいは「過失」があることをいいます。「故意」とは、その当事者が何かをわざとすることをいいます。たとえば歌手がその日にコンサートがあると知りながら、何か気に入らないことがあって自宅でふて寝しているとしたら、「故意による不出演」です。

他方、「過失」とはわざとではないが落ち度でそうなったことを言います。たとえば歌手がコンサート会場に車で向かう途中、無謀な運転で事故を起こしてしまって会場にたどり着けなければ、おそらく「過失による不出演」です。

こうした故意や過失のいずれか、つまり歌手の「責に帰すべき事由」によってコンサートへの出演という義務が果たされなければ、これが契約違反です。

よく契約書では、「当事者のいずれかが、その責に帰すべき事由によって本契約上の義務を履行できない場合には、他方当事者はかかる不履行によってこうむった損害の賠償を請求することができる」などという規定をおきます（契約書サンプル―④）。

これは、前述しましたが、実は契約書にわざわざ書かなくても、民法という法律に同じことが書いてあります。ですから、契約書に書かなくても（少なくとも日本の法律が適用されるかぎりは）違反をされた当事者は損害賠償を請求できるでしょう。ただ、念のために、また事が起こったときにいちいち法律を引っ張り出して読んだり相手に法律を説明する必要がないように、契約書にもよく記載するのですね。

他方、当事者に「責に帰すべき事由」がない場合、つまり故意も過失もないのに契約上の義務を果たせなくなった場合、特に損害賠償などの責任は負わないのが法律の原則です。契約書でも、念のためそう記載しておくことがあります。

「不可抗力」とはどんな事態か

これと似た文脈でよく登場するのが、「不可抗力」という言葉です。

たとえば、「当事者のいずれかが契約上の義務を履行しない場合、不可抗力による場合をのぞいて、その当事者は他方当事者のこうむった損害を賠償する責任を負う」といったように記載します。つまり、「不可抗力の場合には契約を履行しなくても責任は負わない」というわけです。

国際契約でもよく登場する言葉です（「force majeure」などといいます）が、この不可抗力とはどんな場合をいうのでしょうか？

「責に帰すべき事由がない」のと同じに解釈する方も多いようです。つまり、義務を履行できなかった当事者に「故意」も「過失」もない状態ならば、それは不可抗力だ。だからその当事者は何の責任も負わない、という意味ですね。

なるほど、そうかもしれません。

他方、「広辞苑」によれば不可抗力は「天災地変のように人力ではどうすることもできないこと。外部から生じた障害で通常必要と認められる注意や予防方法を尽してもなお防止し得ないもの」とされています。通常人には防止し得ない事態、どちらの当事者も避けようと努力したのだけれど力及ばず避けられなかった事態、という感じもします。だとすると、単にその当事者に「故意」も「過失」もなかったという事態よりは少し狭い意味なのか？　とも思えます。学者の中にも、「不可抗力」は単に「過失がない状態」よりも狭いと解釈する意見があります。

本書執筆中、東日本大震災の影響で事業がストップしたり、高額の損害が生ずるケースが各地で続発しています。「地震だから当方の過失ではない。不可抗力だ」「いや、災害対策をしていたら防げた事故だ」という論争も頻発し、「責に帰する事由」「不可抗力」は契約の世界でも最大のホットイシューとなりました。

各社も契約書式の見直しに乗り出すなど、契約書での「不可抗力」の扱いにはいっそうの慎重さが求められています。

催告と解除・解約

キャンセル条項

解除や解約についての条文も、契約書のタイプを問わず頻出の言葉です。以前に「契約というものは白紙撤回はできない。ただし、相手が契約違反をした場合には〝催告〟をした上で契約を一方的に解除できる」という話をしました。

これは法令（契約法）の原則です。つまり、解除・解約について特別な合意がなく、契約書に何も記載がない場合の話です。契約書に解除・解約についての記載があれば原則として契約書の規定の方が優先されます。「契約自由の原則」ですね。

たとえば、解約のしかたについて定めておくことも可能です。「甲は、いつでも乙に通知することで、この契約を解約することができる」なんていう規定をおくこともあります。一方的な解約をあえてできる旨の規定ですね。

先ほど例にあげた出演契約でも、主催者側が出演者に告げることでいつでも出演をキャンセルできると書くこともありますし、さまざまな業務の委託契約でも見られる規定です。（あまり一方的に関係をキャンセルできるようだと「労働法」や「下請法」などの法律に反する場合がありますが、ここでは触れません。）

単に突然キャンセルではあんまりだということで、「キャンセル料」の支払を条件にする例もありますね。ホテルや交通機関の予約といった契約では、一方的に解約できる代わりにこのキャンセル料の支払を義務付けられる例が多いでしょう。

「相当な期間」は何日か

それから、契約違反を理由にする解除の場合も、法律の原則は「相当な期間を定めて催告をして」それから解除できる、というものですが、この「相当な期間」というのは何日くらいをいうのか、いざ契約を解除しようという時には現場で悩むことが少なくありません。

もちろん、過去に「相当な期間はどのくらいか」について裁判になった例はあり、またガイドブックなどでは「一から二週間」などと説明される例もあるようです。しかし、これはケースによって違うはずです。

たとえば、コラムの原稿を週刊誌に掲載する、という契約を作家と出版社がかわしたのに、作家が締切までに原稿を書けなかったとしましょう。実際には作家と出版社の関係はもっとウェットといいますか、事情に応じたフレキシブルな関係ですが、ここでは契約にのっとったらどうなるかを考えてみます。

作家が締切を過ぎても原稿を出さない場合、出版社は二週間の猶予を与えることはできません。二週間も待っていては印刷所の締切はとっくに過ぎてしまいます。その後で作家が原稿を送ってきて、「原稿料をください」と言われても困るのです。おそらく、もう待ち切れずに代替の原稿を手配しており、原稿料はそちらの作家に払うのですから。この場合、仮に出版社が法律の原則通りに催告・解約をするとしても、催告の「相当な期間」はせいぜい数日でしょう。

では、同じ出版の世界でも、学者さんに学術出版社が本の原稿を依頼した場合はどうでしょうか。筆者も経験がありますが、これはたいてい、悠久の時を感じさせるほどのんびりしています。そもそも催促じたいが遅い。仮にあっても、解約までは行かない。噂に聞くケースでは、最初の約束から一〇年も原稿が遅れて出版社がまだ待っている、なんていう例もあります。恋愛でもそこまで献身的なのは滅多にありません。

こうなると、仮に催告するとしても、期間はだいぶ長いでしょう。「相当な期間」といってもケースによってさまざまなのです。

そうすると、実際解除するときに、どの程度の催告期間を想定するかで悩むことになります。

たとえば期間を七日と設定して催告をする、相手はその期間中に対応しなかったので解除と判断して、何かにふみきったとしましょう。たとえばプロジェクトのキャンセルを発表したとする。その翌日に、相手が契約を履行して来たらどうでしょう。相手が、「七日で対応しろというのは酷だったから解除は無効だ」と主張して、もしも裁判所がその言い分を認めたら？　解除はなかったことになって、大変な混乱が広がってしまいます。

「では長めにすればいいだろう」と思うでしょうが、実際の現場ではこれが悩ましい。そもそも相手は約束どおり契約を履行していないのです。少なからぬケースで、解除する側はもう追い詰められていますから、解除なら解除で、できるだけ早く結論を出して次のアクションに移りたいはずです。先ほどのケースでいえば、七日だって長すぎる気がする。

それなのに、「七日は法的に不安だから二週間は持ちなさい。その間に相手が気持を変えて義務を履行すれば、解除はできません」とアドバイスすれば、依頼者はたいてい困った顔をするでしょう。「弁護士や裁判所は机上で考えるからそんなことをいうが、一日の遅れが命取りの世界に来てください」と思う方もいそうです。そういわれるようでは弁護士も情けない。だからといって期間を短くしすぎて「解除の空振り」はもっと困る。

さあどうするか。

こんな場合の対処として、よく催告の期間をあらかじめ契約書に記載しておくことがあります。サンプル契約書にあるように、「相手方が本契約の条項に違反したときは、書面によりその是正を催告し、相手方の書面受領から五営業日以内に違反が是正されない場合には本契約を解除できる」といった記載法ですね。これならば、催告期間は五営業日でまず有効でしょうから、悩むことは少ない（契約書サンプル―⑤）。

更に大胆に、「無催告解除」という規定を置くこともあります。

たとえば、「一方の当事者が契約に違反した場合には、他方当事者は書面で通知することにより、ただちに本契約を解除できる」といった書き方です。違反があったら即時に契約をキャンセルして善後策に移りたい場合などには、こうした記載法のメリットがあるでしょう。

ただし、自分が違反した場合、たとえそれがうっかりした違反であり、一日遅れでもとに戻せるようなケースでも、ただちに契約を解除されてしまうかもしれない。その意味では、もろ刃の剣のような規定ではあります。

倒産・解散と契約

同じことを、契約違反ではなく、相手が倒産したり、解散したり、そこまで行かなくても経営不安に陥ったりひどい背信行為をおこなったりした場合について、取り決めることもあります。たとえば、相手が倒産したら即時に契約を解除できる、という規定です。

こう書くと、「あれ？　後半のケースはともかく、相手が倒産したり解散したらその会社はなくなるのだから、契約なんて当然になくなるんじゃないの？」と思われる方もいるかもしれません。

実はそうではないのです。

よくある誤解ですが、倒産は必ずしも会社の消滅を意味しません。「倒産」とは会社の経営が危なくなり、支払うべきお金を普通には支払えなくなった状態をいうのであって、即座に会社がなくなるわけではないのです。

この時に、法令のルールに従って会社の借金などを整理する手順が何種類かあって、それが「破産」「民事再生」などといわれる手続です。破産手続ならば「破産管財人」が弁護士などの中から選ばれて、会社の財産と負債がどれだけあるか調査し、そうした負債の相手である「債権者」に公平に会社の財産から弁済をして行きます。破産手続がはじまっても、多くの契約は自動的には切れません。

「解散」はこれに対して会社をなくすことを言いますが、その場合でも既存の契約や借入金のような「権利と義務」を整理するまでは会社は残るのであって、勝手に何もかも放り出して消えてしまえる訳ではないのです。

こんな風に相手は倒産や解散してもまだ一応残っていますし契約も残っていますが、だからこそ頭が痛いこともあります。契約が残っているということは、こちら側の支払とかそういった義務は消えていないということです。ですから原則として、こちらは義務を果たさなければなりません。

しかし、倒産したり解散を決めた相手方には、しばしば実際に義務を履行するだけの能力が残っていません。少なくともちゃんと義務を履行してくれる保証はまったくない。こちらが支払をしても相手はあとで何もしてくれない可能性があるなら、もうそんな契約は止めてしまいたいですね。

そこで、先ほどのように、相手が倒産・解散などした時に契約をただちに解除できる規定を置くことはよくあります。

この問題は更に奥が深くて、この「倒産したら解除」といった規定が果たして有効かはまた疑問なのですが、倒産と契約の関係に深入りするとそれだけで本一冊になってしまいますので、ここではご紹介だけにしておきましょう。

契約期間、更新条項

契約の期間と発効日

中途解約や契約解除の話をいたしました。これは、つまりは契約を途中で終わらせてしまうことです。ではそれ以前に、契約は放っておいたらいつ終わるのでしょうか。これが、契約の「期間」の問題です。

たとえば、自動車や家電などを借りる「レンタル」の契約を考えてみましょう。法律用語では「賃貸借」といいます。定めたレンタル期間の間は、借りた人（借主）には自動車や家電を使う権利があります。期間が終われば、貸した人（貸主）はそれを返してもらうことになります。これが契約期間です。

契約書での契約期間の決め方は、たとえば「本契約は●年●月●日から●年●月●日まで有効に存続します」と「始期」と「終期」を日付で明記する方法もあります。あるいは、「本契約は締結日から発効し、以後●年間有効に存続します」というように、締結から確定の期間続くという決め方もあります。「発効」とは契約の効力がスタートすることで、具体的な発効の日を書いていない場合、契約は原則として締結の時点から発効します。

この「締結日」ですが、特に締結日を契約書に記載していないならば、当事者が契約書に署名捺印した日付と考えるのが自然でしょう。他方、「本契約は●年●月●日付で締結される」というように締結日を明記するケースもあります。この場合、おそらく契約はその明記された日から発効する、と考えるのでしょう。

発効日はわかるとしても、もしも契約の「終期」を決めておかない場合、「期間の定めのない契約」ということになります。賃貸借の場合には民法に規定があって、期間のない自動車などの「動産」の賃貸借は、当事者の一方が解約を申し入れてから一日で終了する、とされています。そうした明文の法令がない場合、「期間の定めのない契約」は契約のタイプや事情に応じて、①当事者がいつでもやめられるという解釈から②永続するという解釈まであり得ます。つまり、期間を記載しておかないと契約がいつ、どういった手続で終了するのかはっきりしない点が出てきます。

ですから、期間を記載しておく方が明確には違いない。

もちろん、期間を決めないで不定期の契約を結びたい場合もあるでしょう。その場合には先ほど書いたように、どういう条件で「契約終了」できるか決めておくと安心です。

もっとも、期間など書く必要はなく、書いてもあまり意味のない契約もあります。

たとえば売買契約です。これは売買という一度きりの行為についてかわす契約ですから、期間もなにも、売った人（売主）は物を引渡し、買った人（買主）はお金を払えば原則として終わりです。大事なのはその引渡しや支払いの「期限」であって、契約期間は（特にアフターメンテナンスなどの期間を決める場合を除いて）必ずしも必要ありません。

ときどき、そうした一回かぎりの取引の契約書にも期間を入れようとする方がいますが、さほど意味がないケースが多いでしょう。

便利な自動更新条項

契約の期間について、どの位の長さにすべきかはビジネスの内容から自動的に決まることもあります。

しかし、タレントが事務所に所属する契約のような「継続的な関係」の場合、とりあえずあまり長くない期間を決めておいて、その後お互いに希望するならば期間を延ばす、ということもよくおこないます。この期間を延ばすことを「契約の延長」とか「更新」などといいます。

延長や更新のためには、あらためて当事者が契約書をかわしなおすケースも少なくありません。しかし、便利な方法として「自動更新」といわれるものもあります。

これは、契約期間を一応一年などに決めておいて、その一年の期限が到来（「満了」といいます）する時点で、どちらの当事者も特に異議がなければ、契約期間はさらに一年間、自動的に更新されるようなしくみです。その後も、どちらかから異存が出ないかぎり同じ延長を繰り返します。

サンプル契約書にあるように、「本契約期間の満了の二ヶ月前までにいずれの当事者からも書面により反対の意思が通知されないかぎり、本契約は同一条件にて更に三年間更新され、以後も同様とする」といった書き方をします（契約書サンプル―⑥）。

いずれかの当事者に現在の契約を続けたくない事情があれば、忘れずに二ヶ月前までに書面で「終了」と伝えておけば、確実に当初の期間で終わらせることができます。他方、どちらの当事者も今の関係に満足しているならば、ほっておけば新たな契約書をかわさなくてもそれまでの契約が続くのですから、これは便利なものです。

ただし、止めたいと思っている時の「通知忘れ」にはご用心を。

（自動更新はマンションやオフィスの賃貸借でもよく登場しますが、この場合には「借地借家法」という特別な法律があって、家主側は正当な理由がないと更新を断れないのが原則です。）

いかがでしょうか。契約は守らなければならない。それだけに、お互いに約束を守らなければならない「契約期間」の決めかたには、注意したいですね。

「ものとするものとする」？　語尾に執着するヒトビト

ここまで、契約書の基本的な用語を解説してきました。契約書にはこの他にも、特有の用語や考え方が登場します。その中には大切なものもあれば、まあ皆さんそうしているのだけれど、ほとんど意味はないものもあります。語尾などは、その例です。

契約書の交渉というものは、こうした特有の用語なども駆使した「ドラフト」といわれる契約書の草案をどちらかの当事者が作成して相手に送り、相手がそのうちの直して欲しい箇所を返答したり、ドラフトに直接修正を書き込んで（「マークアップ」といいます）相手に送り返すという手順でおこなうのが通常です。最初の当事者は、返された修正ドラフトのうち、それで良いものは反映し、困るものは再度押し返したりします。

この修正ドラフトですが、相手のドラフトのどこを直したのか、ちゃんとわかるようにして返すのが最低限のマナーです。ただ単に本文を変更して返してしまうと、長い契約書の場合、相手はどこが直されたのか探さないといけなくなります。

現在ですと、ワープロソフトの「変更履歴」や「コメント」などの機能を使ってそうした「修正ドラフト」を送り返すケースが多いでしょう。「変更履歴」で入れた修正コメントはユーザーごとに違う色で表示されますので、当事者が多いとフルカラーの契約ドラフトが何度も飛び交うことになります。

別表のサンプルを見ればおわかりのように、契約書の文の末尾にはよく、「ものとする」が使われますね。「本作品を完成のうえ引き渡すものとする」「損害を賠償するものとする」といった具合です。

これ、ニュアンスとしては「そうする義務がある」という調子が強く出るという程度の意味はあります。しかし、では「甲は本作品を完成のうえ引き渡す」で終わっていたら義務ではないのかといえば、おそらく義務ですね。「その当事者は損害を賠償する」と書いてあれば、賠償する義務があるとしか解釈できないでしょう。

その意味で「ものとする」は、(そう書かないと義務のニュアンスが出ないような例外的な場合を除いて) 飾りに近いものです。一文が長くなるし、なんとなく固い感じが出るので、一般の方との契約書では意図的に使わないこともあるでしょう。
しかし、契約の専門家といわれる方の中には、こうした語尾にこだわる人も多いですね。

一度、筆者の送ったドラフトに変更履歴で修正をする際に、文末に「ものとする」がついていないのは許せないらしく、軒並み「ものとする」と付けて来る方がいました。変更履歴は赤で表示されるケースが多いので、契約書のいたるところに赤字で「ものとする」が躍っています。

よく読むと、ほとんどこれしか修正コメントがないのです。あとは、「及び」は開かないと（=ひらがなにしないと）いけないらしく、「及び」が全て「および」に変わっていた位でした。

「うーん、この契約書は結構こちらの有利に作ってあるんだけど、全部読んで『ものとする』と『および』以外に問題を感じなかったのか……」

とある意味感心して読んでいたら、見つけました。もともと「賠償するものとする」で終わっていた文なのに、うっかり勢い余ったのか、あるいは「ものとする」一回では不安だったのか、「賠償するものとする**ものとする**」。

「ものとするものとする」だけは丁重に直してあげて、後は全部先方のいうとおりに反映して、早々に契約締結と相成りました。

いえいえ、全然不愉快とは思いません。むしろ、であう契約担当者が皆さんこの方のようだったら、弁護士の仕事はパラダイスです。

「語尾に執着するヒトビト」については、後ほど契約書の「三つの、あまり新鮮味のない黄金則」でまた触れたいと思います。

書面と印鑑の基礎知識

書面を何通作るか

さて、こういったドラフトのやり取りを経て、両者がもう条件について異存はないという段階に来ると、どちらかが署名用のきれいな契約書（「クリーンコピー」などといいます）を当事者の数だけ作ります。それで、もちろん実際に会って一緒に署名捺印してもよいでしょう。あるいは、一方が先に署名捺印して相手に送付し、相手も署名捺印して一通は手元に置き、残り一通を送り返してくれて、お互いに保管をする。これがよく見られる契約締結の手順ですね。

契約書の通数をどうするかは基本的に当事者の自由です。中には、あとでお話しする「印紙」を節約するために一通だけ契約書はかわして、一方の当事者がその「原本」を保管し、他方の当事者はそのコピーを持つ、という方法をとるケースもあるようですが、当事者の数だけ作るのがより堅実です。

署名捺印の順番も、それなりに力学が働きます。なぜなら、契約書は双方の署名捺印をもって発効するのが普通ですが、たとえば自分が先に署名捺印して相手に渡し、何かの事情で相手がすんなり署名捺印しなかった場合を想像してください。

この時、相手の手元にはこちらが署名捺印した契約書がある。ということは、相手はその気になれば、いつでも署名捺印を済ませることで契約を発効させることができそうです。他方、契約書を手元に置いておくことで、契約を発効させないこともできる。

つまり、契約書の生殺与奪の権は相手方に握られたような気が、するのです。（この場合、「申込の撤回」という問題が出て来るのですが、本書では取り上げません。）

それが嫌さに、あるいは何となく感情論から、相手に先に署名捺印させたい、と思う当事者は少なくありません。かくて、「おたくから」「いやおたくから」と変な譲り合いが発生したりします。

捺印のしかた

ここまで、「署名捺印」とぼかして呼んできましたが、契約書へのサインはどのようにおこなうのでしょうか。一般的には二通りの方法があります。ひとつは「署名」で、当事者が自ら手書きで名前を書く方法です。もうひとつは「記名捺印」といって、ワープロなど、当事者の手書き以外で名前を記載して、そこに当事者が捺印をする方法です（契約書サンプルー⑦）。特別な法律があるようなケースを除いて、どうサインしなければ契約書は無効になる、といった一般ルールはありません。（なにせ先に述べたように、覚書未署名でもその内容で契約の成立を認めた判決がある位です。）

しかし、通常は上の二通りの方法のいずれかでサインします。両方を満たすような、当事者が自ら署名し、かつ捺印をするケースも多いでしょう。

「捺印」は印鑑を押すことで、印鑑は実印が望ましい、とされていますが、絶対ではありません。実印は役所に登録してあるため、後で本人の印鑑だったということを証明しやすいというだけです。もちろん、これは大切なことですから、大事な契約書には実印で押印してもらい、役所でとった印鑑証明書を付けてもらうほうが安心です。

会社はどうサインするのでしょうか。「会社という法人」は自ら署名できませんから、代表取締役のような署名権限のある方が会社の「代理」（正しくは「代表」といいます）として記名捺印します（契約書サンプル—⑧）。その隣に、「代表者印」などの捺印をしますが、これも登録された印鑑の方が相手方としては安全ではあります。

「権限のある者」は代表取締役がベスト、そうでなくても契約締結権限のありそうな専務・常務・取締役・執行役員、あるいはケースによっては該当する局長・部長くらいまでが許容範囲でしょう。課長以下の社員の方でも会社から特に権限を与えられていれば契約書を締結できますが、その場合には委任状などを会社から出して貰って確認するほうが安心です。

ところで、本書を通じて「契約書ではこうした方が安心・ベター」という話はたくさん登場します。それは、たいてい、「一方の当事者にとってはこうした方がベター」という話です。契約は、きつい言葉でいえば本質的に利益のとりあい、リスクの押し付け合いです。

よくお互いに得をする関係をさして「Ｗｉｎ—Ｗｉｎなビジネス」なんて言葉は耳にしますが、契約の「個別の条件」についていえば、そんなことは滅多におきません。箱の中のふたつの風船のようなもので、一方のリスクが膨らめば、他方のリスクは少しへこみます。（もちろん、そうした契約全体を通じておこなおうとしているビジネスは、「Ｗｉｎ―Ｗｉｎ」であるに越したことはありませんが。）

ですから、ある条文がどうあるべきかを考えるときには、「自分にとってはどうあるのがベターか」というシビアな視点は欠かせません。よく、自分にとって有利不利ということを離れて、契約書全体の「完成度」を高めるために大半のエネルギーを費やしている方を見かけます。（先に書いた「ものとする」名人の方などですね。）

その姿勢は一見美しいですが、契約書はあくまでビジネスをおこなうためのツールであって文学作品ではないのです。「完成度」などよりも、「文章はすこし不細工でも、このたった一言があったために自社が不合理な損害をこうむるリスクが格段に減った」という一言を付けくわえ、かつ、相手にのんで貰える技術こそが、本当の職人芸です。これからの会社は、高額の年俸を払ってでも、そうした本物の契約職人をリクルートすべきです。

危険な捨印、契印、印紙のこと

話を戻しましょう。「捨印」というものがあります。あれは、どういう理由で押すのかご存じですか？

契約書に誤字・脱字などがあった時には、いくつかの訂正の方法があります。一般的なのはまちがった箇所を二重線で消して、そばに訂正したり追加したい文字を書き、欄外に「何字削除・何字追加」などと書いて印鑑を押す方法です。これが訂正印であって、やはり末尾に捺印したのと同じ印鑑を使うのがベターです。

この訂正印をあらかじめ欄外に押させておくのが、「捨印」です。そうすれば、後でまちがいに気づいた時にわざわざ訂正印をもらいに戻らずにすむので、契約書をあずかった側からすれば楽なのです。

しかし、これは見方を変えれば、相手は捨印を悪用して内容をどうにでも変更できることを意味します。「契約書などはシンボル・形式に過ぎず、信頼関係の方が大切だ」という、日本特有の意識がなければとても成立しない慣行だという気もします。

数億円の家の売買契約書でさえ捨印を押しているケースを見ると、「いやーすごい国だな」と今更ながら感心します。とうていお勧めできることではありませんが、特に一般消費者・ユーザーがからむ契約書では当り前のようにおこなわれています。たとえば不動産屋で、「私は捨印はいっさい押しません」なんて言おうものなら、あらゆる事務はそこでストップして、スタッフの方から「ヤダ変な客」という顔をされるかもしれません。頭の痛い問題です。

また、契約書の捺印のほかに、「契印」ということをおこなうケースがあります。これは、複数のページがある契約書で、ページとページにまたがって、末尾に捺印したのと同じ印鑑などを押すことをいいます（図表9　契印の押し方〈一例〉）。この契印、ページ数が多くなるとやりにくく、そこには幾つかテクニックがあります。

なぜこんなことをするのか。

複数のページのある契約書で末尾に捺印があるとしましょう。その捺印のあるページはたしかに当事者が見て合意した内容だとわかりますが、ひょっとするとその前のページは後日差し替えられて改ざんされるかもしれませんね。同じ印鑑をページをまたいで押しておけば、こうした改ざんはしづらくなるというわけです。

このほか、契印の手間を省くための「袋とじ」や、一度に複数の書類を作った時に、その書類と書類にまたがって印鑑を押す「割印」など、ほかにも専門技がありますが、本書ではご紹介しません。興味のある方は調べてみてください。

英文契約では、印鑑はあまり使わず当事者の署名（シグネチャー）を末尾にするのが一般的な方法です。英文契約でも、ページの差し替えがされては大変ですが、印鑑が一般的でないので「契印」はあまりしません。その代わり、各ページのスミに、当事者がイニシャルを書いていくなど、やはり幾つかの方法がとられます。

図表9　契印の押し方〈一例〉

最後に、「印紙」のお話をしましょう。ある種の契約書には「収入印紙」というものを貼らなければいけません。これは「印紙税法」という法律で義務付けられています（図表10　印紙税の必要な契約書の例）。ただし、貼らないと契約書が無効になるわけではありません。契約書は有効ですが、印紙をはることは法律上の義務なので、気をつけておきましょう。

契約書の作り方・印鑑の話をしました。これはほんのサワリというくらい、ちゃんとおこなうには専門知識やノウハウのいる領域です。そのため、契約担当者の

図表10　印紙税の必要な契約書の例

不動産等の譲渡、土地賃借権の設定・譲渡、消費貸借、運送に関する契約書、請負契約書、株券、出資証券・社債券、合併契約書、定款、継続的取引の基本契約書、預貯金証書、貨物引換証、倉庫証券又は船荷証券、保険証券、信用状、信託行為に関する契約書、債務の保証契約、債権譲渡・債務引受に関する契約書、金銭・有価証券の受取書、預貯金通帳、信託行為に関する通帳 など

中にも、こうした形式面に大半のエネルギーと関心を割いているように見える方がいます。たしかに形式や手続は大切です。それをきちんと守ることで万一の落とし穴を防げるからです。しかし、くり返しますが内容はそれよりももっと大切です。「印鑑の押し方ばかりうまい契約の専門家」にはならないようにして下さい。

第五章　日本と日本人の「契約力」を高めるために

三つの、あまり新鮮味のない黄金則

さて、前章まで、日本が現在抱える契約の課題と契約の基礎的な知識を紹介してきました。最後に、こうした問題意識をふまえて、どうやったら日本と日本人がよりよく「契約」とつき合えるようになるのか、皆さんと考えてみたいと思います。

まず、筆者自身の過去の失敗からの珠玉の言葉（笑）を、読者におくりたいと思います。題して、「三つの、あまり新鮮味のない契約黄金則」です。

当り前の話ばかりです。しかし、筆者がつたえられる、本書のどの基礎知識や考察よりも大事な情報です。

黄金則その①：契約書は読むためにある

最初は読者が、誰かから契約書を渡されたときに思い出していただきたい言葉です。

契約書、あれは読むためにあるのです。

けっして、受けとるや否や、「えっと署名欄はどこですか。ああ、ここですか。すみません、朱肉と印鑑パッド貸していただけますか。キレイに印鑑を押さないと縁起が悪いから。やっぱり印鑑は象牙ですよね。えーと、捨印はここでいいですか？」と、そんなことのためにあるのではありません。

そもそも判の付きかたが悪いくらいで不利に扱うほど、神様は心が狭くありません（きっと）。ついでに言うと二〇世紀、象牙のための乱獲などでアジアゾウの数はもとの三％にまで激減しました。不幸がふりかかるのを避けたいなら、象牙の印鑑なんて買うより、もっと確実で自然にもやさしい方法があります。

契約書を読むのです。読んで、理解して、理解できないところがあったら誰かに聞いて、そして困るところがあれば直してもらう。あらゆる契約書は、そのためにあるのです。

なぜこんなことをいうかといえば、少なくとも日本では、契約書には強力な磁力があるからです。それは契約書の署名欄あたりから発する磁力で、主に印鑑やペンにはたらいて強力に引きつける力です。「四の五のいうと相手が気を悪くするから、さっと印鑑を押してこの緊張感から逃れてしまおう」という磁力です。

言いかえると、「印鑑を押さないと悪いような空気」です。この空気に日本人は弱い。契約書をめぐる失敗のかなりの部分は、この空気にながされて印鑑を押したことに端を発します。

ですから、皆さんが「読まずにこの場で印鑑を押せ」という空気を感じたら、必ずその空気を破ってください。本当にどうでもよい契約ならすぐに押印しても結構ですが、大事な契約なら必ずそうしてください。

「では、持ち帰って読ませていただきます」

ほら、一度言ってしまえば次からはもっと楽に言えます。

そして、そんな空気を醸しだした相手に対して、次からちょっとだけ警戒してください。

それは、相手が悪質だという意味ではありません。その相手は、うまいのです。

なぜなら、契約書にすんなり判を押してもらううえで、この「空気」ほど日本人に効くものはないとわかっているからです。わかっている以上、ビジネスですから相手がその「空気」を利用するのは当然です。

黄金則その②：「明確」で「網羅的」か

次は、皆さんが契約書を作る側に立った時に、一番大事だと思うことです。

それは、契約書が「明確」であることです。

「契約書入門」の章でお話ししたとおり、契約書には色々な専門用語があります。時おり、そうした契約用語を駆使して、格調高い契約書を作ることじたいが目的化している方がいます。「甲乙丙丁」に怠りはありません。「及び」や「又は」の開く・閉じるには強いこだわりがあり、文末は当然「ものとする」です。彼らにとって契約書のチェックとは、要するに相手の文章表現の添削です。

時間の無駄です。会社はそんなことのために契約担当者に給料を払っているのではないのです。

契約書の表現にとって一番大事で、一番難しいこと。それは表現が「明確」であることです。「明確」とは何か。それは複数の人が読んでも、ひとつの意味にしか受けとらないということです。これさえ出来ていれば、美文でなくてもよいのです。意味がはっきりしないような悪文は困りますが、意味さえ明確なら極端な話、箇条書きでもよいのです。

もめごとが起これぱわかります。いったんもめごとが起こり、古い契約書をとり出して相手と意見が対立している箇所を読む。そこで、どちらとも取れるような文があったら、いくら美文でも何の役にも立ちません。他方、明確な言葉で、こちらが書いてあって欲しいことが書いてあれば、つまり内容がこちらにとって「網羅的」ならば、悪文でも全然気になりません。天にものぼる気持です。

では、どうやって、文章が「明確」かを確かめるのか。簡単です。慣れないうちは隣人に読んでもらえばよいのです。あるいは家族でもよいでしょう。あまり対象分野に詳しくない人の方が好都合です。読んでもらい、「どういう意味で受けとった？」と聞いてみて、相手が理解した内容が皆さんの意図した内容と一致していれば、おそらくその文章は明確です。

この時に、相手の答えが皆さんの意図と違ったからといって、怒ってはいけません。それは文章が明確ではなかったということです。また、当り前ですが不安だからといって、

「これ●●のつもりで書いたんだけど、そう読める？」と自分から答えをいってはいけません。相手はその前提で文章を見てしまいます。

契約書を作るときに、過去の似たような契約書の例を参考に（というか丸写しに）する方は多いでしょう。よく職場などでも「●●契約のフォームってありますか？」なんて聞いているケースがありますね。

過去の契約書を参考にすることは、良いことです。こちらが気づかないような問題点や記載のノウハウが見つかるからです。しかし、過去のフォームだからといって明確な内容である保証も、網羅的である保証もないのですから、その点はあくまで自分で判断しなければなりません。「その過去の契約書がどちら側の立場で作られたものか」の確認も、大切です。

黄金則その③：契約書はコスト。コストパフォーマンスの意識を持つ

前の箇所で、「契約書とは手間や時間のかかるものだ」と書きました。

つまり、契約書作成とはコストなのです。それはビジネスに必要なコストではありますが、コストである以上はコストパフォーマンスを考えるのは当然です。ここでの「パフォ

ーマンス」とは何か、それは前に述べた「後日の証拠」「見落としや甘い期待の排除」といった契約書のメリットです。別な言いかたをすれば、「そこで契約書を作成することによって減らせるリスクの量」が、パフォーマンスです。

つまり、文書を作ることによってリスクを減らせるというメリットが、その文書を作るコストを超えているならば文書を作るべきです。逆にいえば、そこで文書を作ることのメリットに見合った程度のエネルギーを、文書には割くべきです。

拝見していると、ある種の取引では、大規模なものだろうがそうでなかろうが当然のように契約書をかわし、別な種類の取引ではどんなに重要なものでも契約書を作らない方がいます。

しかし、これはあまり考えた行動とはいえません。

たとえば、「大きなプロジェクト」「大きな金額が動く」「はじめてのビジネス相手」「別な業界のビジネス相手」「したことのないタイプの取引」……

これらはリスクの増大要因です。ですから、文書を作るメリットはそれだけ大きい。つまり、時間をかけても、あるいは相手と多少ギクシャクしても、しっかりした契約書を作る意味があります。

他方、「小さなプロジェクト」「小さな金額」「いつものビジネス相手」「同じ業界のビジネス相手」「何度もしているタイプの取引」……

以上はリスクの減少要因です。これらがそろえばリスクはかなり小さい。だったら、時間をかけてしっかりした契約書にするまでもないだろう。何かあっても「畜生」といったり自分が謝ってすむ程度の問題だから、今回は短い覚書で十分だ。

いや、それすらもいらないから条件をFAXやメールで送って残しておけばいいだろう。

いや、もう口頭で十分だ。

こうした判断や交渉が常にできて、力を注ぐべきところとそうでないところの区別がつくのが、本当の契約巧者でしょう。

単純なようですが、以上三つは、本書で述べたどの基礎知識や考察よりも大事な情報です。

なぜなら、筆者自身やクライアントの二〇年の失敗の歴史をふり返って、「要するに契約はここでつまずく」と思うことだからです。この平凡な「黄金則」の裏には、冷や汗と不眠と損害と恥辱の歴史が横たわっています。そして、筆者にさまざまな経験をさせてくださった、多くの依頼者との苦労が詰まっています。

ですから、筆者には自信があるのです。この新鮮味のない「黄金則」は、いつか必ずあなたを救います。

「契約力＝対話力」の養成を

「契約の授業」も、終わりに近づきました。最後に、おもにビジネスの現場を念頭において、日本と日本人が契約を使いこなし、今以上に交渉上手になるために、これまで本書で触れてきた課題をふり返ってみたいと思います。

①重要なのは「書式」よりも対話の力：日本社会は、誰かが作ってくれたコースや「書式」（フォーム）を尊ぶ傾向がありますが、契約とはオーダーメイドなものです。前に述べたような「契約のコストパフォーマンス」を考えながら、自分にとって本当に大事な要望を相手につたえ、合意に至れる力。そうした対話の力こそが大切だと思います。

②合意至上主義、交渉決裂は「失態」という意識を乗りこえる：日本人はおそらく、「目

の前の相手との間には意見・利害の対立はないのだ」という前提が好きです。ですから、契約をはじめとする交渉ごとでも、お互いに真意が通じれば合意できると考えたがり、利害の違いをないことにしようとします。つまり「合意至上主義」で、交渉決裂は相手との間で信頼関係を築けなかったゆえの失敗とされがちです。

ですが、少なくとも変化に直面する社会、情報化社会、異業種や国際的な交流の増える社会では、こうした「合意至上主義」は有害な場面が多いでしょう。信頼関係はもちろん重要ですが、それは彼我の利害の違いをふまえて自分の立場をしっかり主張し、冷静に妥協点を見出してゆく姿勢から生まれるべきものです。

相手のいうことを無批判に受け入れたり、対立点はないかのようにして先送りして、それが破たんすれば相手の人格問題にしてしまう姿勢では、とうてい本当の契約力・交渉力は生まれないように思います。

③国際契約を対等に近づける努力：特に国際契約では、「なぜか相手言語、相手の出してくる契約フォーム」という前提を、疑ってかかることが大切でしょう。無論、ビジネス上の力関係から、相手の言語やフォームを受け入れざるを得ないケースもあります。しかし、英米では「バトル・オブ・フォームズ」（書式の戦争）という言葉があるくらい、契約は

自国の言語で自分の書式を出したほうが、圧倒的に有利なのは紛れもない事実です。ですから、まずはこちら側のフォームを用意して、出してみる姿勢が大切です。

日本人は、特に欧米人と交渉する場合には、萎縮して対等な交渉ができない傾向があります。これは、明治以来の劣等感による部分もあるでしょうし、実際に世界の多くのビジネスがいまだに「白人優位の構造」で厳然と組みあがっており、がんばってみても、最後はそうした壁に阻まれがちという、「成功体験の欠如」による部分もありそうです。

特に米国に対しては、歴史的経緯もあって外交全般にこうした傾向があるといわれます。本書の冒頭でふれた「基地問題」にせよ「国連安保理常任理事国入り」にせよ、日本の対米交渉には苦い失敗も目立つ背景には、そんな事情もあるのかもしれません。

容易ではないでしょうが、こうした状況を徐々に変えていき、「成功体験」を積み上げていくことが大切です。

④業界知識・契約知識・相場感を知る：国際交渉でもいえることですが、やはり知識は力です。相手国や相手業界のルールに盲従するという意味ではなく、先方の方法や相場を研究することは重要です。本書で述べた日本人の契約交渉にのぞむ姿勢の中にも、筆者がア

メリカでの日本人分析から、はじめて気づかされたことがあります。

日本ではこれまた明治以来、「留学して欧米の〝先進知識〟を学んできて紹介する」研究者やビジネスマンには事欠きませんが、交渉相手として、たとえば「アメリカ人の交渉スタイル」を研究している研究者や政府部門は果たしてどれだけあるのでしょうか。「交渉相手を知ること」は、契約交渉の基本です。

⑤契約交渉は必要なコストだという認識：先ほど述べた「契約交渉は必要なコストだ」という感覚は、担当者個人だけでなく、それをとり巻く人々にも必要です。たとえば、会社の上層部にはいまだに、「ビジネスというものは大枠が決まればあとは信頼関係が大切。契約書などはセレモニー」とさえ思っている方が見受けられます。もう一〇年ちかく前になりますが、「契約くらいで何を手間取っているんだ」という言葉を、ある企業のトップの発言として聞いたことがあります。これでは、交渉担当者はがんばればがんばるほど、社内で孤立しかねません。

「神は細部に宿る」といいます。複雑で重要なビジネスであれば、大枠が決まってからの契約交渉にこそエネルギー・時間がかかり、また勝負もかかっているという意識を周囲がもち、そうした担当者の努力を評価できることが大切でしょう。

⑥ **「花形」としての契約交渉セクションの育成**：企業での契約交渉セクションの位置づけは、（少なくとも筆者が専門にするメディア・エンタテインメント業界では）筆者が弁護士になったころに比べれば随分あがったように思います。それどころか、二〇年前にはそんなセクションはほぼない、という企業も少なくありませんでした。

契約によって企業は不合理な巨額のリスクを背負うこともあれば、大きなビジネス上の利権を得ることもある。このことは歴史が教えています。

大学など高等教育機関での契約専門家の育成、企業内での契約交渉セクションへのリソースの配分は、これからの社会にとって大切な「鍵」となるでしょう。

これからの日本の社会と日本人は、大国意識を捨て、かつてのように腕と度胸を頼りに世界をわたって行くべき時代に突入します。そうした羅針盤のない世界を進んでいける「契約力」＝「対話の力」を身につけるため、本書の知識がすこしでも役だつことを願っています。

あとがき

本書は、些かごった煮的な新書です。

前半はコラム風であり、後半は明らかに契約の実務ガイド風。目指したものは、(毎度身のほど知らずとしか言いようがありませんが)「契約の教科書」でした。教科書には実践的な知識と共に、「何のためにそれを学び」「その知識をどう用いるか」が書かれているべきだからです。

実務ガイドにあたる三・四章のページ小口に、色をつけてあります。不要な方は、ここを飛ばしていただいて構いません。必要が発生したときに、その箇所を拾い読みして頂いても良いのです。ただ、今まで一度も契約のABCを学んだことがない方は、人生の中でほんの数時間、エッセンスを読んでみる良い機会かもしれません。

文中でも書きましたが、我われは一生で何万もの「契約」を交わします。その中には、生活を左右するような重要なものも無数にあります。にもかかわらず、我われの大部分は従来、一二年かそれ以上に及ぶ教育の過程でただの一度も契約書の読み方、つきあい方を学びませんでした。みな、「その道のプロ」に誘導されてよく判らないまま捺印するか、オンザジョブで必死にイロハを勉強してきたのが現実でしょう。

考えてみれば、これは相当に不思議な、そして恐ろしい状況です。

本書で筆者は、知財・メディアの契約交渉を専門にする立場から、個人や企業の契約について日々感じていたことを、時に日本の外交交渉や政治交渉ぶりにまで言及しつつ、些か辛口に書きました。これまで著したどの本より、「きいた風な口をきく」「かわいげのない本」が生まれたように思います。誤謬については文字どおり読者の批判を仰ぐばかりです。

ふたつのことをお断りしなければなりません。

ひとつは、日頃おつきあいするプロデューサーや企業の契約担当者の名誉のため。筆者が知る限り、彼らはみな勤勉で、契約書をよく読み、ビジネスの必要性とリスク軽減のバランスを考え抜ける人々です。本書の記載の大半は、これらの人々にはあてはまりません。(念のために書いておけば、筆者の経験として語られたことは、Ｗｉｉの件を除いて本質を害しない程度には事例を変えてあります。)

もうひとつ、筆者は日本人の行動様式や契約観に批判的だという印象を持たれた方は、多いかもしれません。それは逆です。筆者は、このくにの社会と文化のありようにぞっこん惚れています。そこには間違いなく、多くの美しい点、多くの優れた点があります。一四頁で紹介した、主要二七ヶ国三万人への調査で、日本が「世界に良い影響を与えている国」の三位にランクされたというBBCの報道を、筆者は心からうれしく読みました。あるいはこうした世界の「好感」の一部は、欧米とは異なる私たちの社会や行動のありように起因するかもしれないのです。

日本でもベストセラーとなった、ウィリアム・ユーリー教授の「ハーバード流交渉術」という一連の著書があります。本書のために改めて読み返してみて、そこで述べられた交渉極意のうち多くは、我われ日本人にとってはかなり日常的な知恵であることに驚きました。「相手との違いを強調するより、一％の同意できる点を探せ」など。（まあ、日常的な知恵であることと、真剣なビジネス交渉の場で使いこなせるかは別ですが。）

本書ではあえて、こうした（日本人が得意と考えられている）人間関係のノウハウには触れていません。日本的な価値観に批判的だからではなく、われわれの課題だと思える点に焦点をあてる字数しか、なかったからです。

欧米、なかんずく米国流のビジネスへの対処法という、古くて新しい問題をめぐる記載が多くなりました。これまた、米国批判をする気など毛頭ありません。それは今なお、いやネット化が進む中ますます重要な課題であり、米国流の契約交渉にこれまでのような方法で応じていると、結果は（時には相手にとっても）無残に終わるケースが多いと感じているためです。

折しもＴＰＰ（環太平洋戦略的経済連携協定）交渉参加の是非に揺れる日本の社会と日本人が、羅針盤のない世界に漕ぎ出すための「契約力」＝「対話の力」のありかたを、これからも皆さんと考えていければ、望外の喜びです。

過去と同様、本書も多くの先達、依頼者、そして同僚たちとの共同作業や示唆がなければ完成しませんでした。最終原稿の全体を読んでコメントしてくれた骨董通り法律事務所の仲間、唐津真美弁護士と松島恵美弁護士に感謝。言うまでもなく、文責は筆者ひとりにあります。飽くなき情熱で筆者を口説いて執筆を約束させ、励まし、そして辛抱強く原稿を待って下さった文藝春秋の安藤泉さんにも心からの謝意を。何より、時に「あの人なにかで死んでくれないか」と思いつめるほど筆者を悩ませた（←嘘です）、懐しき交渉相手の皆さん、ありがとうございました。

最後に、いつもながら妻とふたりの娘の忍耐と応援に感謝します。

今回も、本文中の引用図版はすべて、筆者の責任で選択しました。

二〇一一年　秋の祭礼が去った下北沢にて

福井　健策

〈**注意**〉

本書は、契約について一般的・概括的なガイダンスを与えることを目的としています。契約に必要な知識は、本書だけで全てカバーできるものではありません。各パートの記述からは、紙面の制約から重要な例外や条件などが省かれていることがあります。また、法律・判例・業界慣行は、時期や地域に応じて変化するものです。そのため、実際の契約書の作成や交渉にあたっては、最新の情報を確認し、専門家の助力を得てあたることをお勧めします。

主要参考文献

（本文中で挙げた文献・判例のほか）

ウィキペディア、パテントサロン、その他各新聞・雑誌及びウェブ情報

入江昭『日本の外交　明治維新から現代まで』（中公新書・一九六六）

若泉敬『他策ナカリシヲ信ゼムト欲ス』（文藝春秋・一九九四）

五百旗頭真（編）『日米関係史』（有斐閣・二〇〇八）

読売新聞政治部『検証 国家戦略なき日本』（新潮文庫・二〇〇九）

川島武宜『日本人の法意識』（岩波新書・一九六七）

六本佳平『法社会学』（有斐閣・一九八六）

道垣内正人・森下哲朗（編著）『エンタテインメント法への招待』（ミネルヴァ書房・二〇一一）

金子宏・新堂幸司・平井宜雄（編集代表）『法律学小辞典 第4版補訂版』（有斐閣・二〇〇八）

Donald E. Biederman et al., Law and Business of the Entertainment Industries (5th ed. Praeger Pub. 2006)

Mark Litwak, Dealmaking in the Film & Television Industry (3 Rev Upd ed., Silman-James Pr. 2009)

高木光太郎『証言の心理学　記憶を信じる、記憶を疑う』（中公新書・二〇〇六）

榎本博明『記憶はウソをつく』（祥伝社新書・二〇〇九）

内田貴『民法Ⅱ 第2版 債権各論』（東京大学出版会・二〇〇七）

内田貴『民法Ⅲ 第3版 債権総論・担保物権』（東京大学出版会・二〇〇五）

主要参考文献

我妻榮・有泉亨・清水誠・田山輝明『我妻・有泉コンメンタール民法　総則・物権・債権　第2版追補版』(日本評論社・二〇一〇)
内藤篤『エンタテインメント契約法』(商事法務・二〇〇四)
遠藤浩(編集代表)『契約書式実務百科(上下巻)』(ぎょうせい・一九九五)
森井英雄『いまさら人に聞けない「契約・契約書」の実務Q&A』(セルバ出版・二〇〇一)
横張清威『ビジネス契約書の見方・つくり方・結び方』(同文舘出版・二〇〇七)
竹永大『わかる!使える!契約書の基本』(PHPビジネス新書・二〇一〇)
唐津真美「『不可抗力』を考える――新型インフル・パニックを題材に」(骨董通り法律事務所HP・二〇〇九)
フィッシャー&ユーリー(金山宣夫・浅井和子訳)『ハーバード流交渉術』(三笠書房・一九九〇)
ウィリアム・ユーリー(斎藤精一郎訳)『【決定版】ハーバード流〝NO〟と言わせない交渉術』(三笠書房・一九九五)
福井健策・北澤尚登・増田雅史・唐津真美「米国における著作権関連訴訟文書に係る法的論点整理及び分析等調査報告書」(文化庁HP・二〇一〇)
福井健策(編著)『新編エンタテインメントの罠――アメリカ映画・音楽・演劇ビジネスと契約マニュアル』(すばる舎・二〇〇三)
福井健策『著作権の世紀――変わる「情報の独占制度」』(集英社新書・二〇一〇)
福井健策「規約間競争が始まる?」(Internet Watch・二〇一一)

索　引

索　引

索　引

主要な箇所のページに限る

福井健策（ふくい　けんさく）
弁護士（日本及びニューヨーク州）／日本大学芸術学部客員教授。91年 東京大学法学部卒。93年弁護士登録。米国コロンビア大学法学修士課程修了（セゾン文化財団スカラシップ）など経て、現在、骨董通り法律事務所代表パートナー。著書に「著作権とは何か」「著作権の世紀」（共に集英社新書）、「エンタテインメントと著作権」全4巻（編者、CRIC刊）ほか。クライアントには各ジャンルのクリエイター、出版社、プロダクション、劇団、劇場、レコード会社など多数。think C世話人、国会図書館審議会ほかの委員・理事を務める。http://www.kottolaw.com　Twitter: @fukuikensaku

文春新書

834

ビジネスパーソンのための　契約《けいやく》の教科書《きょうかしょ》

2011年（平成23年）11月20日　第1刷発行
2011年（平成23年）12月10日　第2刷発行

著者　福井健策
発行者　飯窪成幸
発行所　株式会社 文藝春秋

〒102-8008　東京都千代田区紀尾井町3-23
電話（03）3265-1211（代表）

印刷所　大日本印刷
製本所　大口製本

定価はカバーに表示してあります。
万一、落丁・乱丁の場合は小社製作部宛お送り下さい。
送料小社負担でお取替え致します。

ISBN978-4-16-660834-8

文春新書好評既刊

ケビン・メア
決断できない日本
「沖縄はゆすりの名人」など発言して解任された米政府高官が、ホンネで語った菅政権の内幕、沖縄基地問題、トモダチ作戦の全容
821

神谷《みたに》秀樹
強欲資本主義　ウォール街の自爆
我が世の春を謳歌し世界中のビジネスマンのお手本だったウォール街は、何を間違えたのか。米国経済の「失敗の本質」を鋭くえぐる
663

塩野七生
日本人へ　リーダー篇
ローマ帝国は危険に陥るたびに挽回した。では、今のこの国になにが一番必要なのか。「文藝春秋」の看板連載がついに新書化なる
752

浜　矩子《のりこ》
ユニクロ型デフレと国家破産
グローバル恐慌以降、依然猛威をふるう「新型デフレ」。その危険な正体と、負の連鎖を断ち切るための〝画期的処方箋〟を指し示す
759

太田啓之
いま、知らないと絶対損する　年金50問50答
保険料未納で年金は破綻しない？メディアの大誤報のせいで混乱する一方の年金問題。朝日新聞のスペシャリストがわかりやすく指南
802

文藝春秋刊